中學生跟我這樣學宋詞

【陳銘磻◎編著】

〈序說〉

煙雨濛濛問斜陽

陳銘磻

學子讀書，只要提及唐朝，自然聯想到「唐詩」；說到宋朝，不免反射出「宋詞」二字。宋代開國主事者趙匡胤基於重文輕武的政策思維與行事作風，使得當時代的江西，人才輩出，文風鼎盛。根據清光緒《江西通志》進士名錄所載，宋代江西進士人數達五千四百四十二人，這些人經由科舉進入仕途，其中宰相、副宰相的顯宦者更多達二十五人。

這一批蜂擁而出的文人才子，不少人既是政治家，又是文學家，如仁宗宰相晏殊、神宗宰相王安石更是一代大文豪，他們對於宋代的政治、經濟和文化發展都曾帶來巨大影響。與此同時，江西文學也跟著進入名家迭現，著留千古的鼎盛期。一時文學家群體崛起，宗師巨擘，開宗立派，無論詩、詞、文都能成就為「亦皆各自名家，求於他方未有若是其眾者。」的特色；其中以地域和家族形式顯赫於世的作品，更進一步顯赫成文學經緯，如廬陵的歐陽修（文忠）、楊邦義（忠襄）、胡銓（忠簡）、周必大（文忠）合稱為「四忠」；撫州的晏殊、晏幾道、晏敦複為「祖孫輩三代」；王益、王安石、王安國、王安禮、王文淑、王雱、王安石女一門七傑稱作「三代七王」；南豐的曾致堯、曾鞏、曾布、魏玩、曾肇、曾紆、曾季貍、曾惇、曾紘、曾思、曾協則並稱為「五代十曾一魏」；宜黃的樂史、樂黃目父子；金溪的陸九韶、陸九齡、陸九淵兄弟；新喻的孔仲文、孔仲武、孔仲平兄弟；鄱陽的洪皓、洪適、洪遵、洪邁父子；豫章的洪朋、洪芻、洪炎兄弟等家族，文才特盛，風靡多時。鄉賢歐陽修有詩讚道：「區區彼江西，其產多材賢。」楊萬里也稱道：「竊觀國朝文章之士，特盛於江西。」江西籍文學家對宋代文學的發展與延續，立下難以磨滅的貢獻。

有人創作才有詩詞文作品，有寫作文風與感染力，傳世作品也才能歷久不衰。宋詞是宋代最具代表性的文學創作樣式，唐詩、宋詞、元曲、明清小說並列為中國文學史的主角，各自代表了不同時代的文學特色。依據中華書局出版的《全宋詞》要目標示，書中輯錄詞家一千三百九十七人，其中江西即佔有一百七十四人，居第二位。其中，第一個江西詞派的晏殊、歐陽修、晏幾道；第二個江西詞派的文天祥、劉辰翁；格律派詞人姜夔；女詞人李清照、魏玩等。在眾多詞作者中，晏殊、晏幾道、姜夔、蘇軾、柳永、陸游、秦觀和黃庭堅等人更是其中翹楚，這些人在宋代詞壇佔有重要地位，相對於他們知名的作品，更是流傳千古而不墜。

喜歡宋詞的現代小說家瓊瑤，其作品風格受到宋詞的影響頗深，她所有出版品中，以各家宋詞的詞句做為書名者繁多，如：翦翦風、卻上心頭、梅花烙、人在天涯、聚散兩依依、問斜陽、一簾幽夢、煙雨濛濛、月滿西樓、水雲間、彩雲飛、庭院深深、煙鎖重樓、幾度夕陽紅、心有千千結、碧雲天、雁兒在林梢、寒煙翠等，無一不和宋詞有著密切關係。

當代音樂詞家方文山的眾多歌詞創作，更不乏注入唐詩與宋詞意境的作品，如著名的〈青花瓷〉一闋：筆鋒濃轉淡、冉冉檀香透過窗、釉色渲染仕女圖、天青色等煙雨、隔江千萬里、臨摹宋體落款時、猶如繡花針落地、簾外芭蕉惹驟雨、門環惹銅綠等文句，都充滿古典詩詞的境界情愫。運用對詩詞的感懷而入歌，不僅紅了歌曲，創了風格，他獨樹一幟的歌詞作品，更成為許多碩博士班論文寫作的研究對象，殊為一家之名格。

學子讀宋詞、背宋詞、解宋詞，國文教科本中所選錄的宋詞或宋詩作品，深淺難度不一，可在面對講究用字表情意、用語傳心事的古典詩詞作品，當真需要用心體會、用意體悟，方可了然其中奧妙之一二。

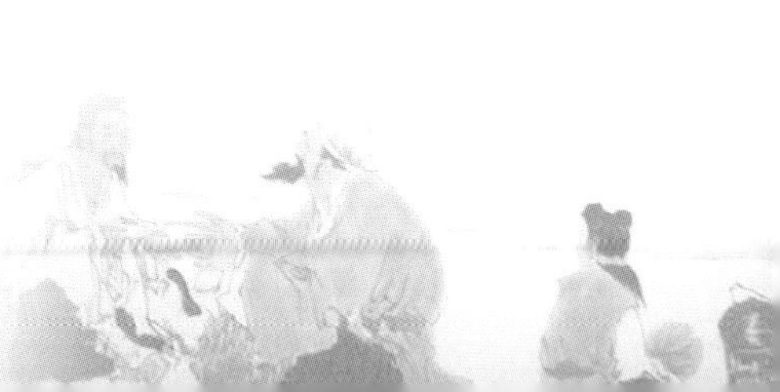

序說　煙雨濛濛問斜陽　陳銘磻　002

第一部　宋詞及其象徵的宋代文學　009
宋朝與詩詞文學的演進　010
宋詞的起源與發展　013
宋詞的衍繹與派別　016
・宋詞作家　018

第二部　中學國文教科本選錄的宋詞　021
詞與音樂的關係　022
可以歌唱的詞　023
・北宋詞壇　023
・南宋詞壇　024
〔桂枝香〕登臨送目　王安石　025
〔一翦梅〕紅藕香殘玉簟秋　李清照　029
〔武陵春〕春晚　李清照　033
〔如夢令〕昨夜雨疏風驟　李清照　035
〔醉花陰〕薄霧濃雲愁永晝　李清照　037
〔聲聲慢〕尋尋覓覓　李清照　039
〔永遇樂〕落日熔金　李清照　042
〔減字木蘭花〕賣花擔上　李清照　046
〔烏夜啼〕無言獨上西樓　李煜　049
〔浪淘沙〕簾外雨潺潺　李煜　052
〔虞美人〕春花秋月何時了　李煜　055
〔破陣子〕四十年來家國　李煜　058
〔清平樂〕別來春半　李煜　061
〔烏夜啼〕林花謝了春紅　李煜　064
〔木蘭花〕東城漸覺春光好　宋祁　066
〔醜奴兒〕書博山道中壁　辛棄疾　069
〔西江月〕夜行黃沙道中　辛棄疾　072
〔南鄉子〕登京口北固亭有懷　辛棄疾　074
〔破陣子〕為陳同甫賦壯詞以寄之　辛棄疾　076
〔永遇樂〕京口北固亭懷古　辛棄疾　079
〔青玉案〕元夕　辛棄疾　084

〔卜算子〕我住長江頭	李之儀	086
〔蘇幕遮〕燎沉香	周邦彥	089
〔浣溪沙〕樓上晴天碧四垂	周邦彥	092
〔滿江紅〕怒髮衝冠	岳飛	094
〔踏莎行〕霧失樓臺	秦觀	098
〔鵲橋仙〕纖雲弄巧	秦觀	101
〔浣溪沙〕漠漠輕寒上小樓	秦觀	103
〔臨江仙〕夢後樓台高鎖	晏幾道	106
〔鷓鴣天〕彩袖殷勤捧玉鐘	晏幾道	108
〔浣溪沙〕一曲新詞酒一杯	晏殊	110
〔清平樂〕金風細細	晏殊	112
〔雨霖鈴〕寒蟬凄切	柳永	114
〔鳳棲梧〕佇倚危樓風細細	柳永	119
〔蘇幕遮〕碧雲天	范仲淹	121
〔漁家傲〕塞下秋來風景異	范仲淹	124
〔訴衷情〕當年萬里覓封候	陸游	127
〔釵頭鳳〕紅酥手	陸游	131
〔釵頭鳳〕世情薄	唐琬	134

〔千秋歲〕數聲鶗鴂	張先	137
〔天仙子〕水調數聲持酒聽	張先	140
〔蝶戀花〕庭院深深深幾許	歐陽修	142
〔生查子〕去年元夜時	歐陽修	145
〔采桑子〕群芳過後西湖好	歐陽修	147
〔踏莎行〕候館梅殘	歐陽修	149
〔玉樓春〕尊前擬把歸期説	歐陽修	151
〔虞美人〕少年聽雨歌樓上	蔣捷	153
〔念奴嬌〕赤壁懷古	蘇軾	156
〔水調歌頭〕丙辰中秋歡飲達旦作此篇兼懷子由	蘇軾	160
〔江城子〕乙卯正月二十日夜記夢	蘇軾	163
〔定風波〕三月七日沙湖道中遇雨，雨具先去，同行皆狼狽，余獨不覺。已而遂晴，故作此。	蘇軾	166
〔卜算子〕黃州定惠院寓居作	蘇軾	168
〔蝶戀花〕春景	蘇軾	170

第三部 源自宋詞與宋文的成語 174
第四部 中學生必讀的宋詞三百名句 186
詞牌名的來歷 187
各家宋詞名句 188
第五部 中學國文教科本選錄的宋詩 210
宋詩的特質 210
宋詩的評價 212
宋詩的作者與作品 213
登飛來峰 王安石 214
泊船瓜洲 王安石 217
過零丁洋 文天祥 219
活水亭觀書有感 朱熹 222
自責二首 朱淑真 225
寒夜 杜耒 227
除夜自石湖歸苕溪 姜夔 229
春日 秦觀 232
書憤 陸游 234
春日偶成 程顥 237
詠柳 曾鞏 239
寄黃幾復 黃庭堅 242
畫眉鳥 歐陽修 245
戲答元珍 歐陽修 247
題西林壁 蘇軾 249
寒食雨其一 蘇軾 252
和子由澠池懷舊 蘇軾 254
春宵 蘇軾 256
飲湖上初晴後雨 蘇軾 258
花影 蘇軾 260
第六部 源自宋代的諺語 264
第七部 宋詞常見考題 276

【第一部】宋詞及其象徵的宋代文學

沈東江《填詞雜說》：

「上不可似詩，下不可似曲。」

宋朝與詩詞文學的演進

宋朝（960～1279）的建國人物趙匡胤，發跡之後，為了避免跟唐代一樣發生藩鎮割據和宦官亂政，導致如「安史之亂」一樣的悲劇，遂採取重內輕外、崇文抑武的政策。軍事上採行消極的防守戰略，影響所及，內部固然安定，少有內亂，有利於發展經濟與繁榮文化，但另一方面武力相對積弱不小，難敵北方外患，因此對西夏及遼國的用兵防禦屢遭挫敗。（胤，音ㄧㄣˋ。）

1126～1127年發生的「靖康之變」，徽、欽二帝被金人擄走，迫使宋室南遷建都臨安，與入侵的金國以淮水到大散關為界，史稱南宋，並將此前建都於汴梁的歷史稱為北宋。1276年，都城臨安陷落，南宋最後亡於由蒙古族統治者忽必烈建立的元帝國。此後，歷史學家將宋朝分為北宋與南宋，合稱兩宋。

有宋一朝，經濟空前發達，對外，與時值平安時代末期和鎌倉時期的日本國，已經互有貿易與文化往來；對內，工商農稅收入之高，就連清代乾隆盛世也難望其項背。從宋徽宗時代，任朝翰林畫院畫史畫家張擇端的作品「清明上河圖」的畫中景象，即可見其榮華富庶的面貌；該圖描繪了清明時節北宋京城汴梁及汴河兩岸的繁華熱鬧景象，以及優美的自然風光，在在表現出宋代生活興隆的一面。但官府耽於享受、居上位者疏於治國，外弱而內斂，這種「今朝有酒今朝醉」的頹勢，終至讓經濟興旺的宋朝滅國。

宋朝是個文化藝術薈萃的豐富年代，寇准、包拯、歐陽修、范仲淹、王安石、蘇東坡、沈括、岳飛、狄青、楊文廣、朱熹、李清照、辛棄疾、陸游、柳永、晏殊、晏幾道、文天祥、張擇端、文同、范寬、黃庭堅、巨然、姜夔、李公麟等一批光彩耀眼的人物都出身這個文化興盛的時代。（夔，音ㄎㄨㄟˊ。）

明代文人宋濂嘗謂：「自秦以下，文莫盛於宋。」名聞學界的「唐宋八大家」之中，宋代即佔了六位，除「三蘇」蘇洵、蘇軾、蘇轍之外，尚有王安石、曾鞏、歐陽修。宋代四大書法家：蘇東坡、黃庭堅、米芾、蔡襄。理學家北宋二程：程頤、程顥兩兄弟。南宋東南三賢：朱熹、張拭、呂祖謙。南宋四大文學家：陸游、楊萬里、范成大、尤袤。（芾，音ㄈㄨˊ。袤，音ㄇㄠˋ。）

宋代山水畫家人才輩出，各有專長和風格，北宋李成的塞林平遠，范寬的崇山峻嶺和雪景；許道甯的林木野水；郭熙描繪四時朝暮、風雨明晦的細微變化；惠崇、趙令穰的抒情小景；米芾、米友仁父子的雲山墨戲；李唐、馬遠、夏圭高度剪裁而富有詩意的山水，反映了山水畫藝術的變革，與劉松年共稱南宋四家。（穰，音ㄖㄤˊ。）

清明上河圖所繪北宋開封府的熱鬧景象

宋朝開國皇帝宋太祖趙匡胤肖像

重要的是，宋朝諸多名人文化大家，大都出身貧寒，如：范仲淹、歐陽修居處單身家庭，自幼家境貧困。范仲淹一歲時父親去世，母親謝氏帶著尚在襁褓中的幼兒，為人家縫補維持生計，常常一天只能吃到兩頓粥。冬天時，他將粥盛在碗盆裡，等到結凍後，再劃成一小塊，一頓吃兩塊。他在〈岳陽樓記〉一文中的名言：「先天下之憂而憂，後天下之樂而樂。」概括了他憂國憂民的一生。另則，與范仲淹出身相似的歐陽修，年少時家裡買不起筆紙，母親用蘆稈畫地教他識字。最終兩人都透過自己的努力，成為文化大家、朝廷重臣。（稈，音ㄍㄢˇ。）

范仲淹、歐陽修命運相近，導致後來的王安石、蘇洵、蘇軾、曾鞏都成為歐陽修扶植的文學大家。不久，蘇軾又培養了著名的蘇門四學士：黃庭堅、秦觀、晁補之、張耒。再者，陸游是曾鞏的學生，陸游和辛棄疾是好友，他們聚在一起組成文學社群，自此，民間開始湧現許多的文學團體，得以使宋詞的發展更為繁盛。（晁，音ㄔㄠˊ。耒，音ㄌㄟˇ。）

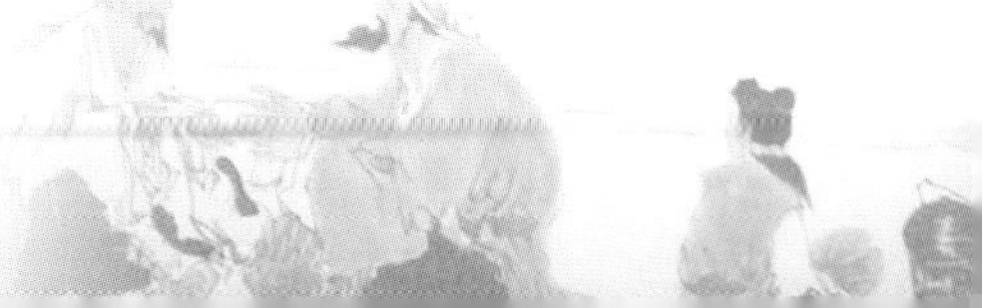

宋詞的起源與發展

宋朝的詩歌是唐朝詩歌的延續、發展與突破。宋朝的詩人繁多、詩篇豐富，詩歌的種類、形式達到鼎盛的高峰。據《全宋詩》統計，宋詩所收作者不下九千人，為《全唐詩》的四倍。《全宋詞》輯錄，共收詞人一千三百餘家，詞章近兩萬首。孔凡禮的《全宋詞補輯》，又增收詞人百家，詞作四百多篇。

詞是古代詩歌藝術形式所衍生的詩體創作，因為是合樂的歌詞，又稱曲子詞、詩餘、長短句、樂府、樂章、琴趣等；始於南北朝的南朝梁代，發展於唐代，盛行於宋代。史載，南朝梁代的開國君主蕭衍精通音樂、愛好民歌，在其奪取帝位之前，曾被喻為「竟陵八友」之一。其詩作現存有九十餘首，多數為樂府，且多模仿民歌。最著名的詩作有〈子夜四時歌〉、〈襄陽蹋銅蹄〉、〈江南上雲樂〉、〈江南弄〉等。

由於蕭衍對詩歌的熱忱和做為帝王的特殊身分，梁代詩歌的演變開始向詞作發展。蕭衍是漢代相國蕭何的後代，在位四十八年，壽八十六歲，是秦始皇以來，歷史上第二個長壽的皇帝，僅次於清朝的乾隆皇。蕭衍是歷史上少見精專文武的帝王。《資治通鑑》一書提到梁武帝，形容道：「博學能文，陰陽、卜筮、騎射、聲律、草隸、圍

《全宋詞》書影

棋無不精妙。」天生具備了文采和軍事才能，讓他七、八歲時就聲譽顯赫。

蕭衍少時聰明非凡，且喜歡讀書，是個博學多才的少年，尤其文學方面更具天賦。「竟陵八友」指的是他和另外七個好友，包括沈約、謝眺、範雲等。沈約後來寫了《宋書》、《齊紀》等書，而謝眺則是當時著名的詩人。八人當中，就屬蕭衍最有文膽。

梁武帝時代並沒有明確的關於「詞」的形式與論述，「詞」的稱名，始出唐代，初唐時期，伴隨當時「胡樂」傳入，「燕樂」大盛，詞逐漸脫離傳統的五言古詩、七言古詩，一開始是為了伴曲而唱，所以寫詞又稱作填詞、倚聲。後來逐漸獨立，成為專門的詩歌藝術。

遠從《詩經》、《楚辭》及漢魏六朝，以及唐代的詩歌中汲取養分，在古代文學的殿堂裡，宋詞被譬喻如皇冠上燦爛奪目的一顆巨鑽，她以奼紫嫣紅、千姿百態的神韻，與唐詩爭奇，與元曲鬥豔；文學發展史上，宋詞與唐詩並稱雙絕，代表唐代與宋代文學興盛之一斑。（奼，音ㄔㄚˋ。）

以佛治國的梁武帝蕭衍畫像

南朝梁武帝蕭衍畫像

由三民書局出版，汪中注譯的《宋詞三百首》提及：關於詞的源頭，各家學說莫衷一是。其實，詞本身就包含多種源頭的特點，詞的源頭並不唯一。有說法是由於唐詩的發展已趨成熟，在當時也將一些歌詞，被之管弦，後來經轉移演化，因唐詩的歌唱，以及文人為增加創作的趣味性，將原本對偶工麗、句法型式規律的唐人詩歌，慢慢增損字句，再把整齊的句法攤破，詞因而正式產生，溯流其源應在盛唐與中唐之間。顧起綸曰：「唐人作長短句，乃古樂府之濫觴也。李太白首倡〈憶秦娥〉，悽惋流麗，頗臻其妙，世傳太白所作，尚有〈桂殿秋〉、〈清平樂〉等，亦有以太白時，尚無詞體，是後人依託者，或以菩薩蠻為溫飛卿作，然《湘山野錄》謂魏泰輔得《古風集》於曾子宣家，正以〈菩薩蠻〉是太白作，則流傳亦已久矣。」（被，音ㄆㄧ。）

詞的演化發展軌跡，總體而言，如劉毓盤在《詞史》所言：「勾萌於隋，發育於唐，敷舒於五代，茂盛於北宋，炫燦於南宋，剪伐於金，散漫於元，搖落於明，灌溉於清初，收穫於乾嘉之際。」

依維基百科的資料說法：五代時，由於君主提倡，南唐詞壇特盛，晏殊、歐陽修等出自江南舊地的江西詞人，沿襲南唐餘緒，以風流自命，致力於創作短章小令、輕麗之詞。兩宋詞壇的勃興是在北宋建國七八十年之後的宋仁宗趙禎時期，代表作家有：晏殊、歐陽修、張先、柳永等人。當時，柳永開始大量創作慢詞長調，為此後宋詞的發展開闢了廣闊格局。傳世的柳永《樂章集》二百餘首，慢詞就佔有一百多首。著名的長調如：〈望海潮〉（東南形勝）、〈八聲甘州〉（對瀟瀟暮雨灑江天），以賦體手法鋪寫都市生活和送別的場面，洋洋百餘言，充分體現了慢詞篇幅宏大，適於鋪陳的特點，使宋詞在唐代近體詩長於比興的特點之外別樹一幟。柳詞的另一個貢獻是，在一定程度上開拓了宋詞的題材，把詞的描寫範圍由士大夫的小庭深院引向市中都會，同時普及了詞的歌唱方式。綜觀柳永的詞，多為描述歌妓而作。

其後，蘇軾以異軍突起主盟詞壇，在柳永開創的慢詞長調的基礎上，進一步「以詩入詞」，完全突破了詞的傳統題材和風格，擴大了詞的境界，提高了詞的品味，使之成為一種可以表現多方面內容的新詩體，因而為宋詞的發展締造了一個積極向上的新方向。

關於蘇軾詞風與柳永的不同，宋人有柳郎中詞，只好十七八女孩兒，執紅牙拍板唱「楊柳岸曉風殘月」；學士詞，須關西大漢，執鐵板唱「大江東去」（俞文豹《吹劍續錄》）的說法。「大江東去」即〈念奴嬌・赤壁懷古〉，與此相類的還有〈江城子・密州出獵〉、〈水調歌頭・

蘇東坡笠屐銅像

范仲淹曾寄讀於醴泉寺

明月幾時有〉等，後世以「豪放派」概括蘇軾的詞風，大抵正眼於這一部分作品。蘇軾作詞，剛柔相濟，所著《東坡樂府》，其中婉約詞亦不少。不過就文學史的影響而言，最能代表蘇詞風格者，還是清雄之作。

蘇軾作詞，以意為主，常常突破詞律的束縛。這一點曾引起恪守傳統詞法的後起作家，如李清照的不滿。蘇軾的門人、著名詞家秦觀也沒有依循他所開創的樣式。從秦觀到李清照，一般被認為是婉約派詞風的正宗。秦觀有《淮海詞》傳世，代表作如：〈踏莎行・霧失樓台〉、〈鵲橋仙・纖雲弄巧〉，聲情並茂，語工而美，繼承了柳永贈妓之作的遺風。李清照曾撰《詞論》力主詞為「別是一家」之說。傳世的〈醉花陰・薄霧濃雲愁永晝〉、〈如夢令・昨夜雨疏風驟〉，寫深閨中的寂寞和年輕女子惜春的心情，具有反對封建禮教束縛的讓會意義；晚年避亂江南所作的〈聲聲慢・尋尋覓覓〉，以傳統詞風抒寫深沉的愛國情懷。

北宋後期的重要詞人還有周邦彥，周精通詞律，能自度曲，他在宋徽宗時代曾主持過中央音樂機關大晟府，是兩宋注重音律一派的詞人，承先啟後的主要代表人物。著有：《清真集》，以「本色」、「當行」盛行於世。

南宋前期主盟詞壇的代表人物是辛棄疾，有《稼軒長短句》六百二十多首，著名的如〈破陣子・為陳同父賦壯詞以寄之〉、〈鷓鴣天・壯歲旌旗擁萬夫〉、〈水龍吟・登建康賞心亭〉、〈永遇樂・京口北固亭懷古〉等，表現了當時重大的抗戰、愛國主題，抒寫出在把持朝政的投降派的排斥下，壯士報國無門的憂憤心情。從藝術上說，「稼軒詞」繼承了蘇軾開創的豪放詞風，將「以詩入詞」進一步發展到「以文為詞」。後世以「蘇、辛」並稱，但辛棄疾又自成特色，一時仿效或傾慕者如張孝祥、韓元吉、陸游、陳亮，以及之後的劉過、劉克莊等，世稱辛派詞人。

南宋後期於辛詞外別立一宗的是姜夔，姜夔上承周邦彥，下開格律詞派，著有：《白石道人歌曲》六卷，多自度曲，如〈揚州慢〉等十七首，均旁註音譜，是現存宋人詞集中僅見的完整詞曲譜。其時及之後，宋代詞壇較有影響者，如吳文英、史達祖、王沂孫、周密、張炎等人，均以講究音律、精美辭句為權輿，重形式而輕內容，與辛派詞人走相反之路。倒是宋末文天祥以及劉辰翁的一些詞作，成為辛棄疾、陸游等愛國詞人的嗣響。

・宋詞作家：

南唐：李煜、李璟、馮延巳、潘佑、盧絳等。（絳，音ㄐㄧㄤˋ。）

宋朝：文天祥、毛滂、王安石、王沂孫、王觀、史達祖、朱服、朱淑真、朱敦儒、朱熹、吳文英、呂本中、宋祁、李之儀、李元應、李重元、李清照、李綱、辛棄疾、周邦彥、周密、周紫芝、姜夔、柳永、胡銓、范仲淹、范成大、孫光憲、徐俯、時彥、晁補之、晏殊、晏幾道、秦觀、康與之、張元幹、張先、張耒、張孝祥、張泌、張炎、陳克、陳與義、陸游、曾覿、舒儃、賀鑄、黃公度、黃庭堅、黃裳、楊萬里、万俟詠、葉夢德、趙令時、趙佶、劉克莊、劉辰翁、歐陽修、潘閬、蔣捷、閻選、岳飛、應元禮、戴復古、魏承班、蘇軾、顧敻等。（滂，音ㄆㄤ。沂，音ㄧˊ。祁，音ㄑㄧˊ。覿，音ㄉㄧˊ。儃，音ㄊㄢˊ。鑄，音ㄓㄨˋ。万，音ㄇㄛˋ。俟，音ㄑㄧˊ。佶，音ㄐㄧˊ。閬，音ㄌㄤˇ。敻，音ㄒㄩㄥˋ。）

柳永夫妻雕像

朱熹雕像

范仲淹雕像

【第二部】

中學國文教科本選錄的宋詞

張先在《行香子》說：「心中事、眼中淚、意中人」，這是宋詞題材的形象寫照。

詞與音樂的關係

詞是配樂歌唱的歌詞，所以最初的名字叫「曲子」、「曲子詞」、「歌曲」。南宋以後才把「詞」做為一種詩體的名稱使用。廣義上說，詞起源於隋唐、盛行於宋代。

相對於「詞」來說，詩也可以做為歌詞配樂歌唱；在歌詞與音樂的關係上，詩是先有歌詞，然後再為歌詞配樂；詞則是先有樂譜，再按譜填詞。與詩配合的音樂是「清商曲」，或簡稱「清樂」，樂器以琴和吹奏的管樂器為主，與詞配合的音樂多以琵琶演奏，稱為「宴樂」，又稱作「燕樂」。經過晚唐五代的累積，詞的地位到了北宋前期有更進一步的強化作用。

按長短規模分別，詞大致可分為：小令（58字以內）、中調（59～90字）和長調（91字以上，最長的詞達240字）。一首詞，有的只一段，稱為單調；有的分兩段，稱雙調；有的分三段或四段，稱三疊或四疊。按音樂性質分，詞可分為令、引、慢、三台、序子、法曲、大麴、纏令、諸宮調九種。按拍節分，常見的有四種：令，也稱小令，拍節較短的；引，以小令微而引長之的；近，以音調相近，從而引長的；慢，引而愈長的。按創作風格分，大致可以分成婉約派和豪放派。

張擇端所繪的〈清明上河圖〉

可以歌唱的詞

「詞」在十一到十三世紀之間繁榮起來，葉夢得《避暑錄話》卷三、羅大經《鶴林玉露》卷十三關於西夏「凡有井水飲處即能歌柳詞」，以及金海陵王完顏亮聞歌柳永〈望海潮〉：「欣然有慕於『三秋桂子，十里荷花』，遂起投鞭渡江之志。」的記載，說明當時可以歌唱的詞，已普及到邊境地區。據遼人王鼎的《焚椒錄》記載，遼道宗耶律洪基宣懿皇后蕭觀音曾創作了〈回心院〉等詞作十多首。至於金國，以蘇、辛詞風為宗，出現了蔡松年、趙秉文、元好問等不少優秀詞人。相傳辛棄疾早年在北方曾從金人處學詞，成名之後，又成為金國詞人學習的榜樣。（椒，音ㄐㄧㄠ。）

・北宋的詞壇

前期詞作有兩個特點：形式上以小令為主；風格承襲五代，以柔婉為主，但更加純淨文雅。有名的作家如隱居西湖、種梅養鶴的林逋（林和靖），好用「影」字、有「張三影」之稱的張先；寫過〈玉樓春〉：「紅杏枝頭春意鬧」的宋祁；寫過邊塞詞〈漁家傲〉，有「窮塞主」之稱的范仲淹等。成就最高的要算晏殊、晏幾道父子和歐陽修。

・南宋的詞壇

南宋政權分為兩派，一為主張收復失地、統一國家的抗戰派；另一則為主張妥協、苟安的投降派。抗戰派受壓抑不得志，發出激昂悲愴的吼聲，這是愛國詞人的由來；再者，南方山水秀麗，加上統治者無心收復國土，日日歌舞昇平，今朝有酒今朝醉，促使追求形式美的婉約派詞作，有更大的發揮空間。南宋初期國家興亡、南宋晚期面臨元朝威脅，偏安局面難以維持，是愛國詞作產生最多的時期。

南宋與蒙古貴族建立的元政權聯合夾攻，打敗金國，卻是趕走惡狼引來猛虎，從此面臨元政權的威脅，終至歸於滅亡。宋亡前後的詞人，在天翻地覆的巨變中都強力表現民族志節，抒寫故國之思，但格調大都哀怨、曲折委婉。成就不凡者，如周密、王沂孫、張炎、劉辰翁、文天祥、岳飛等人。

韓熙載為避免南唐後主李煜的猜疑，以聲色為韜晦之所，每每夜宴宏開，與賓客縱情嬉遊，圖為〈夜宴圖〉一景

〔桂枝香〕登臨送目

王安石

登臨送目，正故國晚秋，天氣初肅。千里澄江似練，翠峰如簇。歸帆去棹殘陽裡，背西風，酒旗斜矗。彩舟雲淡，星河鷺起，畫圖難足。

念往昔，繁華競逐。嘆門外樓頭，悲恨相續。千古憑高，對此漫嗟榮辱。六朝舊事如流水，但寒煙衰草凝綠。至今商女，時時猶唱，後庭遺曲。

【作者】

王安石（1021～1086），字介甫，晚號半山，小字獾郎，封荊國公，世人又稱王荊公，撫州臨川（今江西撫州市）人，北宋傑出的政治家、文學家。在文學中具有突出成就。其詩「學杜得其瘦硬」，擅長說理與修辭，善於用典故，風格遒勁有力，精闢絕倫，也有情韻深婉的作品，為歐陽修所賞識，議論高奇，有矯世變俗之志，官至同中書門下事，為著名的改革家。不常作詞，今存二十餘首，著有《臨川先生文集》。（獾，音ㄏㄨㄢ。遒，音ㄑㄧㄡˊ。）

【注釋】

1. 登臨送目：登山臨水，舉目望遠。

2. 故國：舊時的都城，指金陵。

3. 肅：秋冬之際天氣寒冷。

4. 千里澄江似練：形容長江像一匹長長的白絹。語出謝朓〈晚登三山還望京邑〉：「餘霞散成綺，澄江靜如練。」澄江，清澈的長江。練，白色的絹。

5. 如簇：這裡指群峰好像叢聚在一起。簇，叢聚。

6. 去棹：停船。棹，音ㄓㄠˋ，划船的一種工具，形似槳，也可引申為船。

7. 星河鷺起：白鷺從水中沙洲上飛起。星河，指長江。

8. 畫圖難足：用圖畫也難以完美地表現出來。

9. 繁華競逐：六朝的達官貴人，爭相過著奢華的生活。

10. 門外樓頭：指南朝陳亡國慘劇。語出杜牧〈台城曲〉：「門外韓擒虎，樓頭張麗華。」韓擒虎是隋朝開國大將，他帶兵來到金陵朱雀門（南門）外，陳後主尚與他的寵妃張麗華在「結綺閣」上尋歡作樂。

11. 悲恨相續：指亡國悲劇連續發生。

12. 憑高：登高。作者登上高處遠望。

13. 漫嗟榮辱：空嘆什麼榮耀恥辱。這是作者的感嘆。嗟，音ㄐㄧㄝ。

14.商女：歌伎。此處借用杜牧〈泊秦淮〉：「商女不知亡國恨，隔江猶唱〈後庭花〉」詩句。

15.後庭：〈玉樹後庭花〉一詩的簡稱。為陳後主所作靡靡之音的新曲之一。

【譯文】

登上高樓憑欄極目，金陵的景象一派晚秋，天氣剛開始索肅。千里奔流的長江澄澈得如一條白練，青翠的山峰峻偉峭拔猶如一束束的箭簇。江上的小船張滿了帆，迅疾駛向夕陽裡，岸旁迎著西風飄拂的是抖擻而斜出直矗的酒旗。彩色繽紛的畫船出沒在雲煙稀淡的江面，江中沙洲上的白鷺時而停歇，時而飛起，如此妍麗的景色就是用最美的圖畫也難以把它畫足。

回想過去，豪華淫靡的生活無休止地互相競逐，感嘆「門外韓擒虎，樓頭張麗華」的亡國悲恨接連相繼發生。千古以來憑欄遙望，映入眼簾的景色就是這樣，可不要感慨歷史的得失榮辱。六朝的風雲變色，全都隨流水消逝，只有郊外寒冷的煙霧和枯萎的野草還凝聚一片蒼綠。直到

王安石讀書雕像

如今，店家的酒女，還不知亡國的悲恨，時時放聲歌唱〈後庭〉遺曲。

【賞析】

此詞作於宋神宗熙甯年間，時當作者罷相賦閒金陵之時。上闋寫「登臨送目」之所見，以「畫圖難足」做為大畫面的「定格」。過闋「念往昔，繁華競逐」引發感慨。「嘆」字領句，直貫詞末。詞中寫景優美，敘懷古則呈一片悲涼，如：「但寒煙，衰草凝綠。」突出了江山如畫，人事堪悲的感嘆。「悲恨」二字為全詞主軸。

王安石紀念館前的王安石雕像

〔一翦梅〕紅藕香殘玉簟秋

李清照

紅藕香殘玉簟秋。輕解羅裳，獨上蘭舟。雲中誰寄錦書來？雁字回時，月滿西樓。花自飄零水自流。一種相思，兩處閒愁。此情無計可消除，才下眉頭，卻上心頭。

【作者】

李清照，自號易安居士，1084年出生於齊州章丘（今山東濟南章丘）的明水鎮。父親李格非進士出身，官至禮部員外郎，是當代極富盛名的文學家，深受當時文壇宗匠蘇軾賞識，常以文章相互往來。母親王氏系出名門，高祖王景圖、曾祖王贊，都榮登進士，祖父王準受封為漢國公，父親在宋神宗熙寧時任中書省平章事，元豐時為尚書左僕射，都是執掌國家樞要的丞相，受封為歧國公。

1101年，李清照時年一十八，與長她三歲的太學生諸城趙明誠結婚。趙為著名金石家，嫁入趙家，李清照前期的生活安定優裕，詞作多描寫閨閣之怨或是對遠行丈夫的思念，如〈漁家傲〉：「造化可能偏有意，故教明月玲瓏地。共賞金樽沉綠蟻，莫辭醉，此話不予群花比。」1107年移居青州。1127年金兵攻陷青州，李清照與丈夫南渡江寧，行至鎮江時，張遇攻陷鎮江府，鎮江守臣錢伯言棄城逃逸。建炎二年（1128）春，夫婦二人始抵江寧府。

趙明誠婚後曾做過地方長吏，山東的曾知、萊淄兩州及浙江湖州太守（未到任），家境原本富有，加上數服官位，收入可觀，但趙明誠卻把錢財都花在搜集金石書畫，編著及刻印《金石錄》一書，即耗掉大半財產。（淄，音ㄗ。）

李清照繪圖

南渡後，李清照的生活陷入困境，1129年8月丈夫卒於建康，李清照為文祭夫：「白日正中，嘆龐翁之機捷；堅城自墮，憐杞婦之悲深。」紹興元年（1131）三月，赴越（今浙江紹興），在土民鍾氏之家，一夕之間，書畫全被盜空，當年與丈夫收集的金石古卷，散佚無蹤，令她飽受打擊，其寫作內容開始轉為對現實的憂患。（杞，音ㄑㄧˇ。）

歷經國破家亡、暮年飄零之後，李清照的感情轉為悽愴沉鬱，從詞作可見一斑，如〈聲聲慢〉：「尋尋覓覓，冷冷清清，淒淒慘慘戚戚。」顯見淒楚之情。紹興二年（1132），至杭州，再嫁張汝舟，婚姻並不幸福，數月後離異。晚景淒涼，卒年不詳，但至少是在1151年之後。

李清照生前著有《易安居士文集》七卷、《易安詞》八卷，但都已遺失。現存《漱玉詞》輯本，約五十首左右。著名的詞作有：〈武陵春〉、〈醉花陰〉、〈一翦梅・紅藕香殘玉簟秋〉、〈小重山・春到長門草青青〉、〈憶秦娥・臨高閣〉、〈多麗・小樓寒〉、〈好事近・風定落花深〉、〈如夢令・昨夜雨疏風驟〉、〈如夢令・常記溪亭日暮〉、〈聲聲慢・尋尋覓覓〉、〈念奴嬌・蕭條庭院〉、〈轉調滿庭芳・芳草池塘〉、〈清平樂・年年雪裡〉、〈菩薩蠻・風柔日薄春尤早〉、〈減字木蘭花・浪淘沙簾外五更風〉、〈孤雁兒・藤床紙帳朝眠起〉等，篇篇膾炙人口。

【注釋】

1. 翦：翦，音ㄐㄧㄢˇ，同剪。
2. 藕：荷花的地下莖，肥大而長，有節，節間有管狀空隙。這裡是拿部分代表全體，指荷花。
3. 玉簟：簟，音ㄉㄧㄢˋ，竹席。玉，比喻竹席子的美麗好看。
4. 羅裳：「羅」是絲織物，輕軟而有疏孔，夏天穿。「裳」，是下衣。
5. 蘭舟：木蘭做的船。大蘭樹高五六丈，常綠，開紅黃白花，可做造船材料。又可單指船。
6. 錦書：拿錦布寫的信。
7. 雁字：雁，秋季南來，春天北去。群雁飛行天空，成一字或人字形。

【譯文】

紅色的蓮花謝了，連竹蓆也已感受到秋天的涼意。輕輕地解下夏天的衣裳，換上秋衣，獨自登上木蘭小舟。誰從遠方寄來我久盼未得的書信呢？舉目遠望，只見萬里碧空中一行南飛的大雁。清亮的月光悄然灑滿西樓。

青春像花兒一樣空自凋殘，寶貴的年華似河水那樣匆匆流逝。二人身處兩地，卻有著同樣的相思，愁緒綿生。這種相思憂苦無法消除，皺著的眉頭才剛剛紓解下來，心裡卻又湧起了一陣新愁。

【賞析】

這首詞是作者的思夫之作。寓情入景，以描繪景色，洩漏出作者心裡最深的思念情懷。上闋寫詞人獨自泛舟，面對寂寥的秋景，陣陣涼意，顯示出作者內心的孤獨感傷。下闋首句與開頭呼應，暗喻年華易逝的悲哀，深知這種相思是雙方的，雖則距離遙遠、音信未到，他還是信任丈夫。最後以情之「思」轉成「愁」，作者從詞中的表情變化，將內心的思念表露無遺。

李清照繪圖

〔武陵春〕春晚

李清照

風住塵香花已盡，日晚倦梳頭。物是人非事事休。欲語淚先流。

聞說雙溪春尚好，也擬泛輕舟。只恐雙溪舴艋舟，載不動，許多愁。

【注釋】

1. 武陵春：調名出自陶淵明〈桃花源記〉所述，武陵漁人遊歷桃花源一事。又名〈武林春〉。為一〈詞譜〉。
2. 雙溪：水名，在今浙江金華城南。
3. 擬：準備。
4. 舴艋舟：小船。

【譯文】

春風停息，百花落盡，花朵化作香塵，天色已

山東濟南李清照紀念館裡的漱玉泉

晚，卻懶得梳理頭髮。風物依舊是原樣，但人已百般不同，一切事情都結束了，想要訴說苦衷，話未出口，淚水早潸然落下。（潸，音ㄕㄢ。）

聽說雙溪春色還是美好景致，打算坐隻輕舟前往賞景，只怕漂浮在溪水上的小船，載不動許多憂愁。

【賞析】

此詞寫於作者晚年避難金華期間，時為紹興四年（1134）金國與偽齊合兵南犯宋朝以後。當時，作者的丈夫趙明誠病故，家藏的金石文物也散失殆盡，作者孑然一身，在連天烽火中飄泊流寓，歷盡世路崎嶇和人生坎坷，因而詞情表露極為悲苦。

清吳衡照《蓮子居詞話》卷二評曰：「悲深婉篤，猶令人感伉儷之重。」所論深切。

第一句直陳「風住塵香」的場面，表現春盡，眼前景色與詞人的厄運相似，美好的春色被春風掃蕩無餘，宛如幸福的生活被戰亂斷送。第二句含蓄地表現作者情緒低沉。三四句則是縱筆直抒胸臆，以極其精煉的語言高度概括了悲苦的心情。景物依舊，人事全非，這是一切愁苦的緣由，因此以「事事休」來表達心理狀態。接著又以「欲語淚先流」來傳述無法傾訴的內心痛楚。

下闋宕開，描寫打算泛舟春遊，然後又轉到「愁」。「只恐雙溪舴艋舟，載不動，許多愁」，將無形的愁化為有分量的形象，是傳誦千古的名句。全詞「欲」、「先」、「聞說」、「也擬」、「只恐」這些虛字用得極妙，將事物間的關係，以及作者思維感情的轉折變化，準確而又傳神的表露出來。（宕，音ㄉㄤˋ。）

〔如夢令〕昨夜雨疏風驟

李清照

昨夜雨疏風驟，濃睡不消殘酒。試問捲簾人，卻道海棠依舊。知否？知否？應是綠肥紅瘦。

【注釋】

1. 如夢令：詞牌名，開始寫這一詞調者為後唐莊宗。詞云：「如夢，如夢，殘月落花煙重。」樂府取如夢二字名曲。莊宗寫作此詞時本名憶仙姿，或謂蘇軾以其詞中有「如夢，如夢」疊句，而改為如夢令。
2. 風驟：驟，急。
3. 捲簾人：指婢女。
4. 綠肥紅瘦：指紅花凋謝，綠葉繁茂。

【譯文】

昨夜，細雨疏落，勁風驟急，沉沉睡了一整夜，卻無法消盡酒意。我問那捲簾的侍女，屋外的海棠如何？她只答依舊二字。可是呀，妳知道嗎？妳知道嗎？經過這一夜風雨吹打，屋外的海棠，應該是肥碩了綠葉，紅花反倒凋零瘦損。

【賞析】

這首詞本為惜春而作，但詞中無一春字，作者僅用「雨疏風驟」、「綠肥紅瘦」來暗示春光已逝，想留也留不住。再用「海棠依舊」，輕淡的綴點出暮春時刻。由此可見這一首詞作是借花喻人，惜春憐己之作。

「昨夜雨疏風驟，濃睡不消殘酒。」二句寫景，顯示作者在暮春時節的情懷。無端的愁緒起伏不定，隨風聲雨聲，怎樣排遣都無法消除。在惱人的風雨中，花朵將要零落憔悴，春天也將逝去，「眾芳蕪穢，美人遲暮。」不禁為流光飛逝這種複雜的心情，感到惆悵不已。

「知否?知否?應是綠肥紅瘦。」這一段用了兩次疊句，噫嘆中有趣味。這疊句用得巧妙。作者另一首〈如夢令〉：「爭渡，爭渡，驚起一灘鷗鷺。」以及〈添字采桑子〉：「前種滿芭蕉樹，陰滿中庭，陰滿中庭。葉葉心心，舒卷有餘青。傷心枕上三更雨，點滴淒清，點滴淒清。」也都喜歡用疊字表達心情。再者，「綠肥紅瘦」的「瘦」字，作者也在其他作品中屢次用到，〈鳳凰臺上憶吹蕭〉：「新來瘦，非關病酒，不是悲秋。」、〈醉花陰〉：「莫道不消魂，簾捲西風，人比黃花瘦。」、〈臨江仙〉：「玉瘦檀輕無限恨，南樓羌管休吹。」等都是。看來，受心情影響，作者頗喜歡「瘦」這個字。

〔醉花陰〕薄霧濃雲愁永晝

李清照

薄霧濃雲愁永晝，瑞腦銷金獸。佳節又重陽，玉枕紗廚，半夜涼初透。

東籬把酒黃昏後，有暗香盈袖。莫道不消魂，簾捲西風，人比黃花瘦。

【注釋】

1. 瑞腦：一稱龍瑞腦；香料。
2. 金獸：獸形的銅香爐。
3. 玉枕紗廚：磁枕紗帳。
4. 東籬：種菊花的地方。陶淵明：「採菊東籬下，悠然見南山。」
5. 暗香：幽香。
6. 消魂：因離別而引起的愁緒。
7. 簾捲西風：西風捲起簾子。
8. 黃花：菊花。

李清照紀念祠堂

【譯文】

大地籠罩著稀薄的霧氣，天空佈滿濃厚的雲層，這樣陰黯的天氣，使人從早到晚愁悶不堪！銅香爐裡的瑞腦香快燒完了。又到了重陽佳節，夜晚睡覺時，枕著磁枕頭，睡在碧紗帳裡，到了半夜，覺得有些寒意了。

黃昏時，在種著菊花的園子裡飲酒，滿身都是菊花的芬芳。別說不憂愁傷心，當簾子被西風捲起時，屋裡的人比竹籬邊的菊花還要消瘦呢！

【賞析】

這首詞是作者早期和丈夫趙明誠分別之後所寫，透過悲秋傷別抒寫作者的寂寞與相思情懷。李清照早年過著美滿的愛情生活。做為閨閣婦女，一旦遭受封建社會的傳統束縛，活動範圍有限，生活閱歷也受到約束，即使像她這種上層知識婦女也不例外。因此，當作者與丈夫分別之後，面對單調的生活，便禁不住藉惜春悲秋來抒寫離愁別恨了。

元朝伊士珍的〈瑯環記〉有如下一段故事：「易安以重陽〈醉花明〉詞，函致趙明誠。明誠嘆賞，自愧弗逮，務欲勝之。一切謝客，忌食忘寢者三日夜，得五十闋，雜易安作以示友人陸德夫。德夫玩之再三，曰：『只三句絕佳』。明城詰之。答曰：『莫道不消魂，簾捲西風，人比黃花瘦。』正易安作也。」（瑯，音ㄌㄤˊ。）

〔聲聲慢〕尋尋覓覓

李清照

尋尋覓覓，冷冷清清，淒淒慘慘戚戚。乍暖還寒時候，最難將息。三杯兩盞淡酒，怎敵他，晚來風急。雁過也，最傷心，卻是舊時相識。

滿地黃花堆積，憔悴損，如今有誰堪摘？守著窗兒，獨自怎生得黑？梧桐更兼細雨，到黃昏，點點滴滴。這次第，怎一個愁字了得？

【注釋】

1. 尋尋覓覓：感到空虛，若有所失，彷徨不安的樣子。
2. 戚戚：憂愁悲傷。
3. 乍暖還寒時候：天氣正由暖變冷的季節。乍，音ㄓㄚˋ，恰、正。
4. 將息：調養休息。將，養。
5. 舊時相識：有兩個意思，一是雁來自淪陷區家鄉；二是雁為詞人夫婦寄信，李清照〈一翦梅〉詞有：「雲中誰寄錦書來，雁字回時，月滿西樓」的句子。

6.黃花：菊花。

7.憔悴損：憔悴得很厲害。損，副詞，很，極。

8.有誰堪摘：有什麼值得摘取呢？誰，何。

9.怎生得黑：怎樣才能熬到天黑。怎生，怎樣。「生」是語助詞，無意義。

10.次第：光景，情況。

11.怎一個愁字了得：一個愁字怎能概括得了呢？了得，了結，包括。

【譯文】

獨處在陋室裡若有所失地四處尋覓，可是過去的一切都在動亂中失去，永遠尋不著、覓不回了；眼前只有冷冷清清的景象，這種景象引起內心的感傷，使得淒涼、慘痛、悲戚之情一時不斷湧來，令人痛徹肺腑，難以忍受。特別是秋季忽熱忽冷的天氣，最難以調養休息了。飲下幾杯愁腸薄酒，根本不能抵禦晚上的寒意。仰望天空，但見一行行飛雁掠過，回想起過去寄給丈夫的詞，曾設想輕雁傳書，互通音信，如今丈夫已故，書信無人可寄，見到相識的雁行，更感傷心。

地上到處是飄落的黃花，憔悴枯損，如今有誰能與我共摘！整天守在窗邊，孤孤單單的，如何挨到天黑；黃昏時，又下起綿綿細雨，一點點、一滴滴灑落在梧桐葉上，發出令人心碎的聲音。這種滋味，豈是一個「愁」字能說盡的呀！

李清照紀念館

【賞析】

前人評論此詞，多以開頭三句使用一連串疊字為其特色。「尋尋覓覓，冷冷清清，淒淒慘慘戚戚。」起首三句最具形象，委婉細緻地表達了作者在遭受重創巨痛後的愁苦之情。七組十四個疊字，猶如信手拈來，看似平淡，實則顯示了作者高超的文字功力。十四個字無一愁字，卻寫來字字含愁，聲聲是愁，造成了如泣如訴的音韻效果。

作者在整首詞中，以通俗易解的語言，以及情緒一貫如注的鋪敘手法寫景抒情，抒情中夾帶含蓄曲折，心中傷悲，景景含愁，通篇是愁，然而這一愁情思緒，作者始終不去說破，只極力烘托渲染，層層推進，營造出淒苦氛圍，給人留下更多思索空間。格調看起來雖顯低沉，但解析此詞不能跳脫作者當時的生活環境和時代氛圍。金兵入侵、國土淪喪、人民流離失所、朝政腐敗、丈夫過往，如此背景下產生的感情色彩，李清照〈聲聲慢〉的詞句，自然包含淒清苦情，堪稱千古絕唱！

〔永遇樂〕落日熔金

李清照

落日鎔金，暮雲合璧，人在何處？染柳煙濃，吹梅笛怨，春意知幾許？元宵佳節，融和天氣，次第豈無風雨。來相召，香車寶馬，謝他酒朋詩侶。

中州盛日，閨門多暇，記得偏重三五。鋪翠冠兒，撚金雪柳，簇帶爭濟楚。如今憔悴，風鬟霧鬢，怕見夜間出去。不如向，簾兒底下，聽人笑語。

【注釋】

1. 元宵：農曆正月十五元宵節，又叫燈節，是古代重要節日。
2. 落日熔金：落日的餘暉像熔化的金子一樣呈現赤黃色。
3. 暮雲合璧：傍晚的雲霞連成一片，猶如璧玉圍合在一起。
4. 璧：圓形中間有孔的玉，這裡代指玉。
5. 染柳煙濃：柳樹籠罩在濃霧之中。

6. 吹梅笛怨：笛子吹出〈梅花落〉的哀怨曲子。〈梅花落〉是春天和暖季節，軍士們思念家鄉時吹出的笛曲。這裡指梅花凋落。
7. 次第：這樣的光景。
8. 來相召，香車寶馬，謝他酒朋詩侶：一起飲酒作詩的朋友，乘坐華美的車馬來邀請賞燈，她都謝絕。
9. 中州：指今河南地區，這裡指北宋都城汴京（今河南開封市）。
10. 三五：每月十五，這裡指正月十五元宵節。
11. 撚金雪柳：用金線搓絲製成的頭飾。撚，音ㄋㄧㄢˇ。
12. 簇帶爭濟楚：插戴得一個比一個漂亮。簇帶，妝扮之意。簇，音ㄘㄨˋ。
13. 濟楚：整齊，漂亮。
14. 風鬟霧鬢：頭髮散亂花白。鬟，音ㄏㄨㄢˊ。
15. 怕見：懶得。
16. 簾兒底下：簾內。
17. 涕：眼淚。

【譯文】

落日金光燦燦，像熔化的金子一般，暮雲色彩湛藍，彷彿碧玉一樣晶瑩鮮豔。景致如此美好，可是我如今又置身何地哪邊？新生的柳葉如綠煙點染，〈梅花落〉的笛曲中傳出聲聲幽怨。春天的氣息已露端倪。但在元宵佳節融和的天氣，又怎能知道不會有風雨出現？那些酒朋詩友駕著華麗的車馬前來相召，我只能報以婉言，只因我心中愁悶焦煩。

記得汴京繁盛的歲月，閨中閒暇，特別看重這正月十五。頭上鑲嵌著翡翠寶珠，身上帶著金子撚成的雪柳，打扮得俊麗翹楚。如今容顏憔悴，頭髮蓬鬆無心梳理，更怕在夜間出去。不如在簾兒底下，聽聽別人的歡聲笑語。

【賞析】

這是一首描寫元宵燈節的詞。作者並未著意描述元宵節的繁華熱鬧歡樂，而是透過眼下元宵和過去元宵不同情景的對比，來抒發深沉的盛衰之慨和身世之悲。

上闋寫今年元宵情景。開頭兩句，用濃墨重彩描繪元夕傍晚景象。落日像熔化的金子那樣鮮紅，晚霞像合

李清照雕像

李清照浴水池

闈的璧玉那樣豔麗。晴朗的暮景，預示元宵將有一番繁華熱鬧景象。作者面對佳節，所產生的卻是悲情。

「人在何處」，充滿迷惘和痛苦的長嘆。「染柳煙濃……融和天氣」意接開頭兩句，描寫今年元宵春意盎然的佳景。「次第豈無風雨」，意承「人在何處」，呈現無端憂慮，深刻地反映作者南渡以來，顛沛流離的境遇和深重的國難家愁，所形成的特殊心境。因此眼前的良辰美景，自然引不起興趣，所以下接「來相招，香車寶馬，謝他酒朋詩侶。」就順理成章多了。

作者當時雖然潦倒落寞，但身為才名世家的她，城裡的貴婦人依然得乘著寶馬香車去邀請她參加元宵盛會。卻被她婉言謝絕。一個蓬頭霜鬢，內心充滿著憂患的老婦人，哪有賞燈遊樂的雅興？「不如向，簾兒底下，聽人笑語。」自慚形穢，不想見人。這既是真實寫照，又語帶譏刺，作者在這首詞裡，以樂景寫哀，做為強化哀情之甚。

李清照雕像

〔減字木蘭花〕賣花擔上

李清照

賣花擔上，買得一隻春欲放。淚染輕勻，猶帶彤霞曉露痕。

怕郎猜道，奴面不如花面好。雲鬢斜簪，徒要教郎比並看。

【注釋】

1. 減字木蘭花：此詞曾有爭議，以為非李清照作。但多數認為是李清照詞，反映的是她於宋徽宗建中靖國元年（1101）新婚時的生活。
2. 賣花擔上：宋代在春季有挑擔賣花的風俗。宋孟元老《東京夢華錄》卷七：「是月季春，萬花爛熳，牡丹芍藥，種種上市。賣花者以馬頭竹籃鋪排，歌叫之聲，清奇可聽。」
3. 一枝春：即一枝花。南朝宋陸凱〈贈范曄詩〉：「折花逢驛使，寄與隴頭人。江南無所有，聊贈一枝春。」
4. 彤霞：紅色的朝霞。
5. 雲鬢：形容女子濃黑而柔美的鬢髮。
6. 簪：插、戴。南朝宋鮑照〈代白紵舞歌詞〉之四：「命逢福世丁溢恩，簪金藉綺昇曲筵。」

7.比並：唐宋時俗語，猶「相比」。敦煌詞〈蘇幕遮〉：「莫把潘安，才貌相比並。」

【譯文】

晚春三月在賣花擔上，買得一束含苞欲放的鮮花。似清淚均勻洗染過，如紅霞般艷麗的花瓣上，還帶著曉露的痕跡。

生怕郎君說道，奴家之面容不如鮮花那般嬌好。故在濃黑柔美的秀髮上將鮮花斜插，只是要郎君將鮮花與奴家相比誰更好看。

【賞析】

宋朝都市春天常見賣花擔子，串街走衖，叫賣各色春花，將春的生機帶給千家萬戶。宋代蔣捷的〈昭君怨〉詞云：「擔子桃春雖小，白白紅紅都好。賣過巷東家，巷西家。簾外一聲聲叫，窗裡丫環入報。問道買梅花，買杏花？」相對於李清照的「賣花擔上，買得一枝春欲放。」正反映了當時這一習俗。「春欲放」三字，表現出作者愛花，也寫出春光明媚的季節，給人一派生氣勃勃的印象。

濟南李清照紀念館側邊的漱玉泉

「淚染輕勻，猶帶彤霞曉露痕。」將鮮花擬人化，那帶著晶瑩晨露的鮮花，如含淚的美人，越發顯得嬌媚，讓人憐愛。（衖，音ㄌㄨㄥˋ。）

下闋寫戴花。作者從內心感受下筆，活靈活現寫出新婚不久的少婦，自衿自得又帶幾分嫉妒的心理。「怕郎猜道，奴面不如花面好。」作者對自己的容貌原本頗有自信，但與之「猶帶彤霞曉露痕」的鮮花相比，又顯得自信不足，生怕郎君嫌她不及鮮花美艷。「雲鬢斜簪，徒要教郎比並看」，經過精心打扮，將鮮花斜插在鬢角，緩緩走來，要新郎做個評比。（簪，音ㄗㄢ。）

寥寥數句，真切地描繪一個秀美而略帶嬌嗔的少婦，透過買花、賞花、戴花、比花，刻畫了作者天真、充滿生命活力的形象與愛美、自信的性格；用語生動活潑，富有濃郁的青春氣息。

李清照雕像

〔烏夜啼〕無言獨上西樓

李煜

無言獨上西樓，月如鉤。寂寞梧桐深院鎖清秋。
剪不斷，理還亂，是離愁。別是一番滋味在心頭。

【作者】

李煜即南唐後主，字重光，初名從嘉，號鍾山隱士、蓮峰居士、鍾峰白蓮居士，徐州（今江蘇徐州）人。他是南唐中主李璟的第六個兒子，宋建隆二年（961）金陵即位，在位十五年，史稱南唐後主，祖父是南唐開國皇帝李弁。（弁，音ㄅㄧㄢˋ。）

李煜即位後對宋稱臣納貢，以求偏安一方，生活上窮奢極欲。宋開寶七年（974），宋太祖屢次遣人詔其北上，均辭不去。同年十月，宋兵南下攻打金陵，次年十一月，金陵被侵，他肉祖出降，雖封作違侯命，實已淪為階下囚。太平興國三年七月卒。據宋人王至〈默記〉，蓋為宋太宗賜牽機藥所毒斃。追封吳王，葬洛陽邙山。（肉祖：表示請罪或投降。牽機藥：一種毒性極強的毒藥。服後腹中劇痛，致身體蜷縮，頭腳相就，如牽機狀。相傳南唐後主李煜即死於此藥。祖，音ㄊㄢˇ。邙，音ㄇㄤˊ。）

他精於書畫，諳於音律，工於詩文，詞尤為五代之冠。前期詞多寫宮廷享樂生活，風格柔靡；後期的詞作反映亡國之痛，題材擴大，意境深遠，感情真摯，語言清新，極富藝術感染力。後人將他與李璟的作品合輯為《南唐二主詞》，被譽為詞中之帝，作品流千古。

李後主前期詞作風格綺麗柔靡，不脫「花間」習氣。亡國後，在「日夕只以眼淚洗面」的軟禁生涯中，以一首首泣血般的絕唱，使亡國之君成為千古詞壇的「南面王」。後期詞作，淒涼悲壯，意境深遠，已為蘇辛所謂的「豪放」派立下伏筆，為詞史上承先啟後的大宗師，王國維《人間詞話》云：「詞至李後主而眼界始大，感慨遂深。」

【注釋】

1. 烏夜啼：詞牌名。
2. 月如鉤：月兒清冷如彎鉤。
3. 鎖清秋：形容自己被困囚在深院，只能與清冷的秋天相守。
4. 是離愁：就是這種離別的愁緒。
5. 別是：另有。

還陽井，又稱「南唐古井」，南唐後主李煜曾飲用此水。相傳飲用此井水，鬚髮至老不白，故有「還陽」美譽

李煜繪像

【譯文】

獨自默默無語登上西樓，只見一彎殘月，清冷如鉤。清涼的秋天，深深庭院裡，只有我和寂寞的梧桐樹相互廝守。那無奈的離愁，剪不斷，理還是亂，更有一番亡國之君的悔恨感受，出現在我的心頭。

【賞析】

詞名一說為〈烏夜啼〉，又有稱〈相見歡〉，吟詠的卻是離別愁緒。此詞寫作時期難定，若為李煜早年之作，詞中繚亂離愁不過屬於宮庭生活的插曲，如係作於歸宋以後，此詞所表現的應當是他離鄉去國的錐心愴痛。

首句「無言獨上西樓」，寫盡凄惋神情，作者「無言」、「獨上」的滯重步履和凝重神情，可見孤獨之甚、哀愁之悲。可見他對故國（或故人）懷念和眷戀之深。「月如鉤」，為作者西樓憑欄所見，一彎殘月映照作者孑然一身，也映照他多少遐想、多少回憶？俯視樓下，但見深院為蕭颯秋色所籠罩。「寂寞梧桐深院鎖清秋」，「寂寞」者究竟是指梧桐還是作者，已無法、無須分辨，因為情與景已妙合無垠。（垠，音ㄧㄣˊ。）

下闋「剪不斷」三句，以麻絲喻離愁，將抽象的情感加以具象化，歷來為人們所稱道，然而更見作者文字造詣深沉者，卻是結句：「別是一般滋味在心頭。」藉助鮮明生動的形象表現離愁傷悲。李煜此句寫法，讀後使人產生同感，無疑有其深至之處。

〈浪淘沙〉簾外雨潺潺

李煜

簾外雨潺潺，春意闌珊。羅衾不耐五更寒。夢裡不知身是客，一餉貪歡。

獨自莫憑欄，無限江山。別時容易見時難。流水落花春去也，天上人間。

【注釋】

1. 浪淘沙：此詞原為唐教坊曲，又名〈浪淘沙令〉、〈賣花聲〉等。唐人多用七言絕句入曲，南唐李煜始演為長短句。雙調，五十四字（宋人有稍作增減者），平韻，此調又由柳永、周邦彥演為長調〈浪淘沙漫〉，是別格。
2. 潺潺：形容雨聲。
3. 闌珊：衰殘。一作「將闌」。
4. 羅衾：綢被子。衾，音ㄑㄧㄣ。
5. 不耐：受不了。一作「不暖」。

6.身是客：指被拘汴京，形同囚徒。

7.一餉：一會兒，片刻。餉，音ㄒㄧㄤˇ。

8.貪歡：指貪戀夢境中的歡樂。

【譯文】

門簾外傳來潺潺雨聲，濃郁的春意又要凋殘。羅織的錦被受不住五更時的冷寒，只有迷夢中忘掉自身是羈旅之客，才能享受片刻的歡喜。

獨自一人在暮色蒼茫時，依靠畫欄，遙望遼闊無邊的舊日江山。離別它是容易的，想要再見到它就艱難了。像流失的江水、凋落的紅花跟春天一起消逝，今昔對比，一是天上一是人間。

【賞析】

此詞上闋使用倒敘手法，簾外雨，五更寒，是夢後事；忘卻身分，一餉貪歡，是夢中事。潺潺春雨和陣陣春寒，驚醒殘夢，使作者回到真實人生的淒涼景

李煜〈浪淘沙〉裡的「流水落花春去也」

況中。夢中夢後，實際上是今昔之比。下闋首句「獨自莫憑欄」的「莫」字，有入聲與去聲（暮）兩種讀法。作「莫憑欄」，是因憑欄而見故國江山，將引起無限傷感，作「暮憑欄」，是晚眺江山遙遠，深感「別時容易見時難」。兩者都可通。「流水落花春去也」，與上闋「春意闌珊」相呼應，同時也暗喻來日無多。「天上人間」句，更具迷離恍惚，似指最後歸宿。

李煜的詞，善於抒寫人生經歷中的真切感受，自然明淨，含蓄深沉。無論傷春傷別，還是心繫故國，都寫得傷感動人。調短字少，包孕極富，寄慨極深，具有高明的文字藝術技巧。

〔虞美人〕春花秋月何時了

李煜

春花秋月何時了？往事知多少？小樓昨夜又東風，故國不堪回首月明中。

雕欄玉砌應猶在，只是朱顏改，問君能有幾多愁？恰似一江春水向東流。

【注釋】

1. 了：了，音ㄌㄧㄠˇ，結束。
2. 不堪：堪，音ㄎㄢ，忍受。
3. 東風：春風。
4. 猶：猶，音ㄧㄡˊ，仍舊、還。
5. 幾多：多少。
6. 恰似：好像。

【譯文】

春季嬌美的花朵，秋日皎潔的明月，如此良辰美景，曾幾何時，已然逝去。往事歷歷，又記得多少？昨夜，小樓又吹起陣陣東風，在這明月高掛的夜晚，不忍再去追憶故國南唐的昔日往事。

以前我那宮裡的雕紋欄杆與玉石庭階，應該還存留，而今，我的容顏已不復往日。試問能有多少愁緒？正像那奔流向東的春水，難以抑止，連綿不絕。

【賞析】

這首詞是李煜的代表作，也是他的絕命詞。作這闋詞時，李煜的身分是俘虜，國破家亡的痛楚、身分轉換的哀戚，在在流露於字裡行間，使得這闋詞讀來格外悽楚。

相傳他於七月七日生日之夜，在寓所命歌

李煜〈虞美人〉裡的「恰似一江春水向東流」

伎作樂，唱作〈虞美人〉，聲聞於外。宋太宗聞之大怒，命人賜牽機藥酒，將他毒死。這首詞透過今昔交錯對比，表現了一個亡國之君的無窮哀怨。

據史書記載，李煜身擔國君時，日日縱情聲色，不理朝政，枉殺諫臣，透過這首詞的字句，不難看出，曾經威赫一時，終場淪為階下囚的南唐後主，心中擁有的何止是悲苦憤慨，悔恨之意自為難免。

李煜〈虞美人〉裡的「春花秋月何時了」

作者竭力將美景與悲情，往昔與當今，景物與人事的對比融為一體，尤其在自然的永恆和人事滄桑的強烈對比下，把蘊蓄於胸中的悲愁悔恨，曲折有緻地傾瀉而出，凝成千古絕唱。全詞以明淨、凝練、優美、清新的語言，運用比喻、象徵、對比、設問等多種修辭手法，高明地表達作者的真實情感。無怪乎前人讚譽李煜的詞為「血淚之歌」，還說是「一字一珠」。

〔破陣子〕四十年來家國

李煜

四十年來家國，三千里地山河。鳳閣龍樓連霄漢，玉樹瓊枝作煙蘿，幾曾識干戈？

一旦歸為臣虜，沈腰潘鬢銷磨。最是倉皇辭廟日，教坊猶奏別離歌，揮淚對宮娥。

【注釋】

1. 四十年：南唐自建國至李煜作此詞，為三十八年。此處四十年為虛數。
2. 鳳閣：另作「鳳闕」。鳳閣龍樓，指帝王居所。
3. 霄漢：天河。
4. 玉樹瓊枝：另作「瓊枝玉樹」，形容樹的美好。
5. 煙蘿：形容樹枝葉繁茂，如同籠罩著霧氣。
6. 識干戈：經歷戰爭。識，另作「慣」。干戈，武器。此處代指戰爭。
7. 沈腰潘鬢：沈指沈約，後用沈腰代指人日漸消瘦。潘指潘岳，後以潘鬢代指中年白髮。

8.辭：離開。
9.廟：宗廟，古代帝王供奉祖先牌位的地方。
10.猶奏：另作「獨奏」。
11.垂淚：另作「揮淚」。

【譯文】

南唐有四十年歷史，山河三千里。高大的宮殿樓台，金碧輝煌，高聳雲霄。園子裡的奇花異卉，有如人間仙境，我何曾知道有戰爭這回事呢？

直到有一天，我成為俘虜，前所未有的痛苦日子，把我折磨成形體消瘦，兩鬢斑白。最難忘的是離開那一天，我倉皇地辭別宗廟，教坊還在這時奏起別離歌，念此去永無回歸之日，我只有向宮娥揮淚道別。

【賞析】

這是李煜降宋之際的詞作。上闋寫南唐曾經擁有過的繁華。

象徵帝王居所的鳳閣龍樓

「建國四十年，國土三千里。居住的樓閣高聳入雲霄，庭內花繁樹茂。這片繁榮的土地，何時經歷過戰亂的侵擾。」這幾句寫實的話，飽含對故國多少的自豪與留戀。「幾曾識干戈」，更抒發了作者不少自責與悔恨。

筆鋒一疊，悔意更甚。直到國破家亡，不由得消瘦蒼老。尤其拜別祖先那天，匆忙中，偏又聽到教坊裡演奏別離曲子，徒增傷感，不禁面對宮女慟哭垂淚。轉折不露痕跡，千鈞之力，溢於言表。

南唐李贊華所繪〈射騎圖〉，象徵李煜思念故國四十年

〔清平樂〕別來春半

李煜

別來春半，觸目柔腸斷。砌下落梅如雪亂，拂了一身還滿。雁來音信無憑，路遙歸夢難成。離恨恰如春草，更行更遠還生。

【注釋】

1. 春半：半春，春天的一半。「別來春半」指自分別以來，春天已過一半，說明時光過得很快。
2. 柔腸：原指溫柔的心腸，此指綿軟情懷。
3. 砌下：臺階下。砌，臺階。
4. 落梅：指白梅花，開放較晚。全句意思是，臺階下飄落的白梅花猶如雪片紛飛。
5. 拂了一身還滿：指把滿身的落梅拂去了，又落了滿身。
6. 雁來音信無憑：鴻雁雖然來了，卻沒將書信傳來。無憑，沒有憑證，指沒有書信。
7. 歸夢難成：指有家難回。
8. 恰如：卻如；恰如。

9.更行更遠還生：更行更遠，指行程越遠。更，越。還生，還是生得很多。還，仍然，還是。

【譯文】

自從離別以後，春天已經過去大半了。眼前景色，更易引起人的愁思。庭階下的梅花，像雪一般地紛紛零落，拂去花瓣，仍落滿全身。

鴻雁雖然來了，卻沒帶來音信。路是那樣地遙遠，回去的願望，實在難以實現。離別的怨恨正如春草一般，更行更遠，悠長無盡。

【賞析】

西元971年秋，李煜派弟弟李從善到宋朝進貢，被扣留汴京。974年，李煜請求宋太祖讓從善回國，未獲允許。李煜非常想念他，常常痛哭。據稱這首詞有可能是從善入宋的第二年春天，李

煜因為思念他而作。

作者開門見山寫下分別後，已進入春季過半的時節，舉目所見，無一處不勾起他難過的心情，使他肝腸都快要斷了。最令人觸目傷情的莫過於臺階下的落梅，那白色的梅花從樹上紛紛飄落，令人心煩意亂。站在花雨中，不一會兒身上就撒滿落花，才剛用手拂拭乾淨，隨即又披滿一身。紛亂的落花，使人聯想到愁緒煩亂，落花拂了還滿，使人聯想到離愁縈懷，排遣不開。作者把白梅落花比作雪花，突出一個「亂」字，花落在身，拂之不盡，突出一個「還」字，寄寓作者特有的感情。

他懷抱這種心情，向遠方望去，那遍地滋生的春草，無論走到哪裡，都會在眼前出現，使人無法擺脫。這樣的結句，比喻淺顯生動，給人以離恨無窮無盡、有增無已的感覺，更使這首詞讀來意味深長。

〈烏夜啼〉林花謝了春紅

李煜

林花謝了春紅，太匆匆，無奈朝來寒雨晚來風。

胭脂淚，相留醉，幾時重？自是人生長恨水長東。

【注釋】

1.烏夜啼：此調原為唐教坊曲，又名〈相見歡〉、〈秋夜月〉、〈上西樓〉。三十六字，上闋平韻，下闋兩仄韻兩平韻。

2.謝：凋謝。

3.胭脂淚：指女子的眼淚。女子臉上搽有胭脂，淚水流過臉頰時，沾上胭脂的紅色，故云。

4.相留醉：一作「留人醉」，花固憐人，人亦惜花，使人沉醉。

5.幾時重：何時再相會。

【譯文】

林花凋謝，失去了春天的豔紅，未免過於匆匆。無奈摧殘她的，有那朝來的寒雨和晚來的風。

風雨中的殘花，像女子臉帶胭脂把淚淌，使人迷醉，不知何時才能重逢？人生長恨，就像那流水長向東。

【賞析】

此詞將人生失意的無限惆悵，寄寓在對暮春殘景的描繪中，是即景抒情的經典之作。

首句「林花謝了春紅」，托出作者傷春惜花之情；續以「太匆匆」，使傷春惜花之情得以強化。而此時作者的生命之春早已匆匆而去，徒留傷殘的春心和破碎的春夢。其中不乏揉合人生苦短、來日無多的喟嘆。「無奈朝來寒雨晚來風」則點出林花匆匆謝去的原因是受風雨侵襲，而作者早凋的生命之春不也是因為經歷過多的櫛風沐雨？

「胭脂淚」者，正如作者身歷世變，泣血無淚，不也色若胭脂？「相留醉」，淚眼相向，寫出彼此如醉如癡、眷戀難捨的情態，極為傳神，而「幾時重」則彰顯人與花共同的希冀和自知希冀無法實現的悵惘與迷茫。結句「自是人生長恨水長東」，一氣呵成，益見痛苦人生的浩嘆。

李煜〈烏夜啼〉裡的「自是人生長恨水長東」

〈木蘭花〉東城漸覺春光好

宋祁

東城漸覺春光好，縠皺波紋迎客棹。綠楊煙外曉寒輕，
紅杏枝頭春意鬧。
浮生長恨歡娛少，肯愛千金輕一笑？為君持酒勸斜陽，
且向花間留晚照。

【作者】

宋代史學家，文學家。字子京。雍丘（今河南杞縣）人。天聖元年（1023）進士及第，曾官尚書工部員外郎、翰林學士、史館修撰。與歐陽修等合修《新唐書》，為列傳一百五十卷。宋祁的文章兼有駢體和散體，其中有好奇之癖、詰屈聱牙之句，也有博奧典雅之長。如〈題司空圖詩卷末〉，筆墨淋漓酣暢，感情充沛豐滿。詩歌也有特色，如〈僑居〉、〈送范希文〉等，寓意深刻，耐人尋味。詞作雖不多，但語言工麗，描寫生動，如〈玉樓春〉：「紅杏枝頭春意鬧」即為寫景佳句。為此，獲得當時人們致送「紅杏尚書」的美號。今存《宋景公文集》。近人趙萬里輯詞集《宋景文公長短句》一卷。

【注釋】

1. 縠皺：即皺紗，喻水的波紋。縠，音ㄏㄨˊ。
2. 客棹：棹，音ㄓㄠˋ，借以指船。客棹，客船。
3. 浮生：指飄浮無定的短暫人生。

【譯文】

春天來了，東城的風景漸入佳境，河上皺紗似的波紋正在迎接船隻到臨。朝雲輕輕地飄在氤氳的楊柳絲端，紅色的杏花也熱鬧地開滿枝頭。

人生歡樂的時光太少了，怎肯為了吝惜金錢，情願犧牲佳人的一笑呢？讓我替你舉起酒杯挽留斜陽吧！並在花叢間留下多一點的落暉餘霞。

【賞析】

本詞原意為歌詠春天，洋溢著珍惜青春和熱愛生活的情感。上闋描寫初春美好的風景。首句「東城漸覺風光好」，以敘述語氣緩緩寫出壓抑不住對春天的讚美之情。再以「縠皺波紋迎客棹」，把讀者的注意力引向那一條條漾動著盈盈春水的波紋，然後又要讀者隨他去觀賞「綠楊」，和「客棹」。「曉寒輕」寫的仍是春意，最後一句終於詠出「紅杏枝頭春意鬧」這一絕唱。「鬧」字不僅形容紅杏的眾多和紛繁，並把生機勃勃的大好春光全都點染出來。「鬧」字不僅有色，亦為有聲，王國維在《人間詞話》中說：「著一『鬧』字而境界全出。」

下闋則從作者主觀的情感對美好春光進一步的表白。「浮生長恨歡娛少，肯愛千金輕一笑。」二句，從功名利祿兩方面來襯托春天的可愛與可貴。作者身居要職，官務纏身，少有機會從春天裡尋取人生樂趣，故引為「浮生」之「長恨」。寧棄「千金」而不願放過從春光中獲得短暫「一笑」的感慨。既然春天如此可貴可愛，作者禁不住「為君持酒勸斜陽」，還想「且向花間留晚照」，充分表現出對春天的珍視，對光陰的愛惜。

〈醜奴兒〉書博山道中壁

辛棄疾

少年不識愁滋味，愛上層樓。愛上層樓，為賦新詞強說愁。
而今識盡愁滋味，欲說還休。欲說還休，卻道天涼好個秋。

【作者】

辛棄疾（1140～1207），字幼安，號稼軒，歷城（今山東濟南歷城區遙牆鎮四鳳閘村）人。從小生長在宋朝時代，金國的土地上。其祖父辛贊，是金朝亳州譙縣（今安徽亳縣）的縣令，卻經常灌輸他抗金復宋的教育。辛棄疾在十四和十七歲時，兩次參加金朝燕京的科舉考試，不中。二十歲祖父去世後，率領二千多人起兵反金，投靠耿京為首的農民軍，為其掌書記。耿京被張安國殺害後，他邀集五十名義士闖入五萬眾的軍營中，生擒張安國，並策動上萬士兵投奔南宋，押解張安國回到建康斬首示眾。南宋乾道六年被召為司農寺主簿。

南宋期間，他曾任建康通判，知滁州，提點江西刑獄，湖北轉運副使，湖南安撫使，淳熙五年，擔任江西安撫使等職，是年二月，奏劾知興國軍黃茂材「過數收納苗米，致人戶陳訴故也。」召為大理少卿。在歷任地方官期間，重視發展生產，訓練軍隊，為北伐積極做好準備，表現出非凡的軍事和政治才能，因此受到朝廷當權者忌恨，一生被彈劾七次。被罷職，閒居在信州上饒（今江西省上饒市）前後近二十年，中間雖短期出任福建安撫使等職，但很快又被罷黜。1180年，再次任隆興（南昌）知府兼江西安撫使。晚年一度被韓侂胄起用，但仍然得不到信任，最後含恨辭世。據說他臨終時還大呼「殺賊！殺賊！」後贈少師，謚號忠敏。（黜，音ㄔㄨˋ，侂，音ㄊㄨㄛ。胄，音ㄓㄡˋ。謚，音ㄕˋ。）

【注釋】

1.醜奴兒：詞牌名，即〈采桑子〉。
2.層樓：高樓。
3.賦：作詩。
4.強說愁：勉強說愁。
5.休：停止。

【譯文】

少年的時候，不知道什麼是愁滋味；總喜歡登上高樓，像文人一樣，為了作一首新詞，沒有愁卻勉強自己進入一片悲愁氣氛中。

如今，年紀大了，歷經世事，也把愁滋味真正嚐遍，理當可以痛快的傾訴心中愁緒，但奇怪的是，反而不知如何說出口，只好淡淡的說：「啊！天氣涼了，真是個好秋天！」

【賞析】

這是辛棄疾被彈劾去職，閒居帶湖時所作的一首詞。他在帶湖居住期間，閒遊於博道中，卻無心賞玩當地風光。眼看國事日非，自己無能為力，一腔愁緒無法排遣，遂在博山道中一壁上題了這首詞。在這首詞中，作者運用對比手法，渲染出一個「愁」字，以此做為貫串全篇的線索，感情真率委婉，言淺意深，令人玩味無窮。

辛棄疾的這首詞，透過「少年」、「而今」，「無愁」、「有愁」的對比，表現他受壓抑排擠、報國無門的痛苦，是對南宋統治者的諷刺和不滿。在藝術手法上，「少年」是賓，「而今」是主，以昔襯今，以有寫無，以無寫有，寫作手法巧妙，突出強調了今日的深愁，充滿強烈的文字趣味效果。

辛棄疾雕像

辛棄疾的故居

〔西江月〕夜行黃沙道中

辛棄疾

明月別枝驚鵲，清風半夜鳴蟬。稻花香裡說豐年，聽取蛙聲一片。

七八個星天外，兩三點雨山前。舊時茅店社林邊，路轉溪橋忽見。

【注釋】

1.「明月」句：蘇軾〈次韻蔣穎叔〉詩：「明月驚鵲未安枝。」別枝，斜枝。

2.社：土地神廟。古時，村有社樹，為祀神處，故曰社林。

【譯文】

明亮的月光驚起了正在棲息的鳥鵲，牠們離開枝頭飛走了。在清風吹拂的深夜，蟬兒叫個不停。稻花香裡，一片蛙鳴，好像是在訴說今年是個收成好年。

只有遠方的天邊還有七八顆星星兀自閃爍，山前落下三兩滴雨水。土地廟樹叢旁，過去明明

有間茅店可以避雨，現在怎麼不見了？急忙從小橋過溪，拐了個彎，茅店竟出現在眼前。

【賞析】

本篇是作者閒居上饒帶湖時期的名作。透過夜行黃沙道中的感受，描繪出農村夏夜的優美景色，形象生動逼真，感受親切細膩，筆觸輕快活潑，使人有身歷其境的真實感，這首詞反映了辛詞風格的多樣性。

上闋雖然寫夜清，筆觸間卻埋伏雨意。有豐富農村生活經驗的人，似乎可以從「稻花香」和「蛙聲一片」中嗅覺到驟雨將臨的訊息。

下闋筆鋒一轉，進入雨陣。可是作者不寫雨中，而寫雨前。既然雨滴已灑向山前，緊接著便會灑向山後。作者的心情順勢轉向惶急，「舊時茅店社林邊，路轉溪橋忽見。」往來黃沙道中，明知樹林旁邊有一茅草小店，但人在夜裡，加上心慌，忽然不見。一旦經過小溪上的石橋，拐個彎，那座舊時相識的茅店便出現眼前，叫人多麼高興！綜觀全詞，文字間充分反映作者對豐收所懷抱的喜悅之情，以及對農村生活的熱愛。

〔南鄉子〕登京口北固亭有懷

辛棄疾

何處望神州？滿眼風光北固樓。千古興亡多少事，悠悠，不盡長江滾滾流。

年少萬兜鍪，坐斷東南戰未休。天下英雄誰敵手？曹劉。生子當如孫仲謀。

【注釋】

1. 神州：中原。
2. 年少萬兜鍪：許多年輕的士兵。兜鍪，戰盔，借代士兵。鍪，音ㄇㄡˊ。
3. 曹劉：曹操、劉備。
4. 孫仲謀：孫權。

【譯文】

從那裡可以看到中原啊！在這京口的北固樓上，眼下都是美麗的景物。千百年以來多少興亡

的往事，像滾滾的長江水，悠悠不盡的向東流！

孫權年少時就率領上萬士兵，從容的對抗敵軍；東南的戰事還未停止，天下英雄誰才是真正的對手？是曹操還是劉備？生兒子應當像孫仲謀一樣啊！

【賞析】

詞的上闋描寫作者在山巔登樓遠眺，他日夜想要恢復的中原之地，望而不見。所見只是北固樓前的滿眼風光。南北交爭，列朝興亡，這種永無休止的變化，正如奔騰東流的長江水一般。這是作者從宏觀上發出的一種感慨。

京口曾是三國孫吳建都之地，吳王孫權年輕時便已做了統帥，他並不滿足僅佔有東南半壁江山，還不停地出戰爭雄，與他對陣的儘管是曹操、劉備那樣的一世英雄，他也不在乎。令曹操也不得不讚嘆道：「生子當如孫仲謀。」作者的言外之意是：如今南宋也佔有東南半壁江山，而掌握軍政大權的人物中，可曾有個能與孫權相比的人呢？

本篇寫景與抒情密切結合，大處落筆，視野開闊，氣勢宏偉。三問三答，自相呼應，用典自如，貼切穩當。

辛棄疾任職贛州時曾在郁孤台寫下「郁孤台下清江水，中間多少行人淚。」

〔破陣子〕爲陳同甫賦壯詞以寄之

辛棄疾

醉裡挑燈看劍，夢回吹角連營。八百里分麾下炙，五十絃翻塞外聲。沙場秋點兵。

馬作的盧飛快，弓如霹靂弦驚。了卻君王天下事，贏得生前身後名，可憐白髮生。

【注釋】

1. 破陣子：詞牌名。本文題目為「為陳同甫賦壯詞以寄之」。
2. 挑燈：把油燈的芯挑一下，使它明亮。
3. 夢回：夢醒。
4. 吹角：軍隊中吹號角。
5. 連營：連接成片的軍營。
6. 八百里：指牛。古代有一頭駿牛，名叫「八百里駁」。
7. 麾下：指部下將士。麾，音ㄏㄨㄟ，古代指軍隊的旗幟。

8. 炙：烤熟的肉。
9. 五十弦：古代有一種瑟有五十根弦。詞中泛指軍樂合奏的各種樂器。
10. 翻塞外聲：翻，演奏。塞外聲，反映邊塞征戰的樂曲。
11. 的盧：一種烈性快馬。相傳三國時劉備被人追趕，騎「的盧」一躍三丈過河，脫離險境。
12. 霹靂：響聲巨大的強烈雷電。
13. 了卻：完成。
14. 天下事：指收復中原。

【譯文】

醉夢裡挑亮油燈觀看寶劍，夢醒時聽見軍營的號角聲響成一片。把熟牛肉分給部下享用，讓樂器奏起雄壯的軍樂，鼓舞士氣。這是秋天在戰場上閱兵。

戰馬像的盧一樣，跑得飛快，弓箭像驚雷一樣，震耳離弦。完成君王統一國家的大業，取得世代相傳的美名。可憐已成了白髮人。

【賞析】

詞的上闋，寫作者賦閒家中，心情鬱結，只能藉酒澆愁；深夜酒醉時，還一次又一次撚亮燈火，端詳曾伴隨自己征戰殺敵的寶劍，渴望重上前線，揮師北伐。作者帶著這樣的思念和渴望進

南宋詞人辛棄疾、詩人陸游、理學家朱熹等都曾主管過武夷宮的所在地

入夢鄉。恍惚覺得天已拂曉，連綿不斷的軍營響起一片嘹亮雄壯的號角聲。他把大塊烤熟的牛肉犒賞將士，讓他們享用；各種樂器奏著高亢激昂的邊塞戰歌，以助興壯威。在秋風颯颯的戰場上，檢閱各路兵馬，準備出征。

詞的下闋，描寫壯烈的戰鬥和勝利的結局，將士們騎駿馬飛奔，快如「的盧」，風馳電掣；拉開強弓萬箭齊發，響如霹靂，驚心動魄。他率領的將士終於完成收復中原的偉業，贏得生前死後不朽的英名。讀者彷彿在詞中看到一個意氣昂揚、抱負宏大的忠勇將軍形象。然而，在詞的最後，作者卻發出一聲長嘆：「可憐白髮生。」從感情的高峰倏忽跌宕下來。原來，那壯闊盛大的軍容，橫戈躍馬的戰鬥，以及輝煌勝利，千秋功名，不過是一場夢境。作者報國無門，歲月虛度。「可憐白髮生。」包含著難以訴說的鬱悶、焦慮和憤怒！無怪乎清末民初文人梁啟超在《藝蘅館詞選》一書中說：「無限感慨，哀同父，亦自哀也。」

〔永遇樂〕京口北固亭懷古

辛棄疾

千古江山，英雄無覓，孫仲謀處。舞榭歌臺，風流總被，雨打風吹去。斜陽草樹，尋常巷陌，人道寄奴曾住。想當年，金戈鐵馬，氣吞萬里如虎。

元嘉草草，封狼居胥，贏得倉皇北顧。四十三年，望中猶記，烽火揚州路。可堪回首，佛狸祠下，一片神鴉社鼓。憑誰問：廉頗老矣，尚能飯否？

【注釋】

1. 京口：古城名，三國孫權曾在此建都，後遷建業，於此置京口鎮，故址在今江蘇鎮江市。
2. 北固亭：一名北固樓，位鎮江城北的北固山上，下臨長江。南朝梁武帝曾改名為北顧亭。
3. 孫仲謀：孫權，字仲謀，三國時吳國君主，這兩句是說，千百年來江山依舊，卻無外尋找像孫權那樣的英雄人物了。
4. 舞榭歌台：歌舞的樓臺。榭，高臺上的建築物。

5. 風流：這裡指英雄的偉業；這兩句是說，當年的繁華盛況和英雄偉業都隨時光流逝，在風吹雨打中消失。

6. 尋常巷陌：普通街巷。

7. 寄奴：南朝宋武帝劉裕的小名，他生長在京口農家，後做了東晉將領，出兵北伐，先後滅南燕、後燕、後秦，一度收復洛陽、長安等地，官至相國，封守王，後推翻東晉，自立為帝。這三句是說劉裕曾經住過的地方，現已成了斜陽草樹中的普通街巷。

8.「想當年」三句：讚揚劉裕親自北伐中原的氣概和成就。

9. 元嘉：劉裕的兒子，宋文帝劉義隆的年號（242～253）。

10. 草草：指劉義隆北伐準備不足，草率出兵。

11. 封：古代在山上築壇祭天的儀式。這裡指「封山」。

12. 狼居胥：山名，一名「狼山」，在今內蒙古自治區西北郊。漢代霍去病追擊匈奴至狼居胥，封山而還，後來就把「封狼居胥」做為開拓疆土，建立戰功的代稱。

13. 贏得：剩得，落得。

14. 倉皇北顧：在倉皇敗退中，回頭北望追兵，宋文帝有「北顧涕交流」詩句，記此次失敗，本想建立戰功，結果卻落得個大敗而還，北顧追兵，倉皇失措。

15. 四十三年：此詞寫於開禧元年（1205）作者駐守京口時，距離作者紹興三十二年（1162）南歸，已四十三年。

16.揚州路：指今江蘇揚州一帶。這三句是說，四十三年後的今天，登亭遙望揚州一帶，當年抗金烽火，記憶猶新。

17.可堪：猶「豈堪」、「那堪」，即怎能忍受得了。堪，忍受。

18.佛狸祠：北魏太武帝拓跋燾率兵追擊王玄謨，駐軍長江北岸瓜步山（在今江蘇六合東南），在山上修建一座行宮，後稱「佛狸祠」，白佛狸即拓跋燾的小名。

19.神鴉：飛來吃祭品的烏鴉。

20.社鼓：社日祭神的鼓樂聲，舊俗立春後第五個戊日為春社；立秋後第五個戊日為秋社，這三句是說，人們忘記過去的歷史，竟在佛狸祠下迎神賽社，一片太平景象，真有不堪回首之感。

21.廉頗：戰國時趙國大將，善用兵，晚年被人陷害而出奔魏國，後秦攻趙，趙王想重用廉頗，卻擔心他年老力衰，便派使者前去探看。廉頗的仇人郭開賄賂使者，要他回趙後說廉頗的壞話；使者回趙後，揑造廉頗雖然年老，飯量還很大，但一會兒工夫就拉了好幾次屎。趙王聽後認為廉頗已經不中用了，便未召他回趙。這三句是說，作者老當益壯，以廉頗自比，期望能得到重用，為國效勞，但又有誰來重視和關懷呢？

【譯文】

歷經千古江山，再也難找到像孫權那樣的英雄。當年的舞榭歌台還在，英雄人物卻隨著歲月的流逝，早已不復存在。斜陽照著長滿草樹的普通小巷，人們說那是當年劉裕曾經住過的地方。回想當年，他領軍北伐、收復失地的時候是何等威猛呀！

然而劉裕的兒子劉義隆好大喜功，倉促北伐，卻反而讓北魏太武帝拓跋燾乘機揮師南下，兵抵長江北岸而返，遭到對手重創。當回到南方已經四十三年了，仍然記得揚州路上烽火連天的戰亂場景。怎堪回首，當年拓跋燾的行宮外，竟有百姓在那裡祭祀，人們只把他當作神祇一般供奉，卻不知道這裡曾是一個皇帝的行宮。還有誰會問，廉頗老朽，飯量還好嗎？

【賞析】

這首詞，描寫作者登臨北固山所見所思，當時作者已經六十六歲，正在江蘇鎮江任知府。經歷漫長歲月後，從國家危殆的局勢，到他個人孤危的處境，以及鬱悶的心情都有了新的變化。作者雖已年邁，殺敵復國的雄心壯志仍不減當年。詞語中表現出作者對國事的深切憂慮，尤其對當時韓侂胄沒有做好準備就輕率北伐十分擔心，於是藉歷史教訓提出警告。用詞不僅抒情言志，還直陳時事，發表政治見解。這樣的內容和表現手法，在辛詞中極為少見。

郁孤台的辛棄疾塑像

京口，古城名，故址在今江蘇鎮江；北固亭又名北固樓，在鎮江東北的北固山上。作者登上北固亭，憶起歷史人物、事件，不禁感慨萬端，遂寫下這首題為「懷古」的詞，借古喻今，以抒懷抱。

詞的上半闋為詠史，前六句把江山的永恆與人生的短暫，做了強烈對比。「舞榭歌台，風流總被，雨打風吹去。」與蘇軾〈念奴嬌〉的「大江東去，浪淘盡千古英雄人物。」有異曲同工之妙。下半闋，在嘲弄中又有強烈的無奈感。最後三句，以廉頗自比，道盡不被重用的悲哀。

辛棄疾所寫〈京口北固亭懷古〉的北固山

〔青玉案〕元夕

辛棄疾

東風夜放花千樹，更吹落，星如雨。寶馬雕車香滿路，鳳簫聲動，玉壺光轉，一夜魚龍舞。

蛾兒雪柳黃金縷，笑語盈盈暗香去。眾裡尋他千百度，驀然回首，那人卻在，燈火闌珊處。

【注釋】

1. 花千樹：指燈火。
2. 星如雨：比喻燈火像萬點流星。
3. 玉壺：用玉裝飾的宮漏，古代宮中用以計時的器具。
4. 蛾兒：婦女戴在頭上的裝飾品。
5. 雪柳黃金縷：金線撚絲做成裝飾品。
6. 驀然：忽然。
7. 闌珊：微弱、稀疏。

大明湖畔的辛棄疾紀念館

【譯文】

正月十五元宵節的晚上，東風吹來，燈火在夜空下，忽遠忽近，閃閃爍爍，像千樹銀花，又像是被吹落的滿天星雨。華麗的馬車走過，滿路飄香。那悠揚的鳳簫聲中，計時的玉壺光閃閃的轉動著；魚燈、龍燈的舞動也徹夜不休，真是熱鬧極了。

在這個佳節良宵裡，女孩們爭相鬥豔的在頭上裝飾蛾兒，並垂下黃色金線；每一個人打扮得花枝招展，笑語盈盈的去賞花燈。這麼熱鬧的場合裡，我尋找不知幾千回，一直找不到的那個倩影，在我猛然回頭之際，卻見她獨自站在燈火稀疏的地方。

【賞析】

這首詞寫得真熱鬧，有像流星一般多的花燈，有載著貴夫人的華麗馬車，轉動不停的魚燈、龍燈，有用玉裝飾得亮閃閃的玉壺，還有女孩的盈盈笑語。

如此喧嘩的場面，作者卻寂寞的穿梭在人群中，到處尋找他心中的俏佳人。尋了千百回，望穿人群，仍不見佳人蹤影。正絕望時，不經意回頭，那人就站在稀疏燈火下。

這首詞的上半闋敘述元宵節的繁華富麗。下半闋形容與美人邂逅的美麗情境。王國維曾說古今以來成大事、做大學問，總會經過三種艱苦的境界，辛棄疾這句「眾裡尋他千百度，驀然回首，那人卻在燈火闌珊處。」就是第三個境界，也就是有成就以後的心境寫照。

〔卜算子〕我住長江頭

李之儀

我住長江頭，君住長江尾；日日思君不見君，共飲長江水。

此水幾時休？此恨何時已？只願君心似我心，定不負，相思意。

【作者】

李之儀（1038～1117），字端叔，號姑溪居士，滄州地棣（今屬山東）人。宋神宗進士，曾從蘇軾於定州幕府，後遷樞密院編修官。徽宗初年以文章獲罪，編管太平州。官終朝議大夫。詞以小令見長，著有《姑溪詞》。

【注釋】

1. 卜算子：《詞律》以為調名取義於「賣卜算命之人」。《詞譜》以蘇軾詞為正體。又名〈百尺樓〉、〈眉峰碧〉、〈缺月掛疏桐〉等。雙調，四十四字，仄韻。

2.長江頭：指長江上游。

3.長江尾：指長江下游。

4.「只願」二句：用顧敻〈訴衷情〉：「換我心，為你心，始知相憶深。」

【譯文】

我住在長江頭，你住在長江尾。日日思念你而見不到你，我倆卻是共飲著這一條長江水。這條江水何時停止流動？這份離情何時將滅？只願你心像我心，我一定不會辜負你的相思意。

【賞析】

李之儀的這首小令僅只四十五個字，言短情長，全詞圍繞長江水，表達男女相愛的思念和分離怨愁，上闋寫相離之遠與相思之切。開頭寫兩人各在一方，相隔千里，喻相逢之難，說相思之深，猶如江水滔滔難絕，表現了思戀之苦。末句

李之儀〈卜算子〉「我住長江頭」的長江

寫「共飲」，以水貫通兩地，溝通兩心；融情於水，以水喻情，情意綿長不絕。虛的心靈與實的事物合二為一，樸實中見深刻。

下闋寫女主人公對愛情的執著追求與熱切期望。全詞處處是情，層層遞進而又迴環往復，短短數句，感情起伏不定。語言清晰如訴，感情熱烈而直露，明顯地吸納了民歌的精華。質樸清新又曲折委婉，含蓄且深沉。顯示出高超的文字技巧。全詞以長江水起興，抒戀情，構思新穎，比喻巧妙，如一首情意綿綿的戀歌，深得民歌韻味，在民間流傳甚廣。

〔蘇幕遮〕燎沉香

周邦彥

燎沉香，消溽暑。鳥雀呼晴，侵曉窺簷語，葉上初陽乾宿雨，水面清圓，一一風荷舉。

故鄉遙，何日去，家住吳門，久作長安旅，五月漁郎相憶否？小楫輕舟，夢入芙蓉浦。

【作者】

周邦彥（1056～1121），字美成，號清真居士。浙江錢塘（今浙江杭州市）人。少年落魄不羈，後在太學讀書，宋神宗時因獻〈汴京賦〉為太學正。哲宗時任廬州教授、知溧水縣、國子主簿、祕書省正字。徽宗時仕途較坦蕩，先後為校書郎、議禮避楡討、大晟府提舉，為朝廷制禮作樂。晚年知順昌府和處州、南京鴻慶宮提舉。卒，贈宣奉大夫。他精通音律，創制不少新詞調，如〈拜新月慢〉、〈荔支香近〉、〈玲瓏四犯〉等。

現存詞二百餘篇，多寫男女之情和離愁別恨，內容較為單薄，調子低沉。其詞承柳永而多有變化，市井氣少而宮廷氣多，詞風也比柳永更典雅含蓄，且長於鋪敘，善於熔鑄古人詩句，辭藻華美，音律和諧，具有渾厚、典麗、縝密的特色。如〈瑞龍吟・章臺路〉、〈西河・佳麗處〉等。其寫景小詞，富有清新俊逸的情調，如〈蘇幕遮・燎沉香〉等。

他是大晟詞人的代表，婉約派和格律派集大成者，開南宋姜夔、張炎一派詞風，對後世影響很大。王國維在《人間詞話》說：「美成深遠之致，不及歐、秦，唯言情體物，窮極工巧，故不失為第一流之作者，但恨創調之才多，創意之才少耳。」一生平見《宋史》卷四四四，著有《片玉詞》。

【注釋】

1. 燎：燒。
2. 溽：潮濕。
3. 侵曉：破曉。
4. 舉：飛起。這裡做搖擺。
5. 吳門：蘇州。指作者家鄉錢塘。
6. 長安：指汴京。
7. 芙蓉浦：荷花叢。

周邦彥〈燎沉香〉所述「葉上初陽乾宿雨」

【譯文】

嗅聞到昨夜消溽用的沉香殘味，聽到周圍的鳥叫，更顯靜寂，起身看見鳥兒可愛的動作。屋外荷花雨後正盛，日出之後，荷葉上的雨珠逐漸蒸乾，平靜的水面上挺立一枝枝在風中搖擺的荷花。

故鄉之路漫漫迢迢，要到哪一天才能回去？家在江南，卻要在北方的京師長久客居。當年仲夏在家鄉一起捕魚的朋友，是否惦記著我？回憶像翻著小槳划動輕舟，自水波搖漾中，夢進家鄉的荷花池去了。

【賞析】

上闋寫景，逑寫夏晴的鳥雀與雨後的風荷；下闋寫情，描寫小楫輕舟的歸夢，以表達作者思鄉心切。這種「觸景生情」的寫作形式，在詩詞裡常見，透過下闋，讀者可以找出這闋詞的主題，就在「故鄉遙，何日去？家住吳門，久作長安旅。」這幾句話的鄉情思念之中。

寫鄉情，不一定得像一般詩詞，出以哀愁悽惻的筆調。如周邦彥者，若有似無、輕描淡寫鄉情，更顯出它的清新可喜。尤其，看似壁壘分明的「情為情，景為景。」若聯結上下闋，或者說「融情入景」的焦點，都在一個「荷」字。藉著「溽暑的風荷」，亦即「五月的芙蓉」，作者睹物思鄉，荷既為全詞情之所繫，自然全力著墨。王國維說周邦彥此詞：「真能得荷之神理者」。其中「水面清圓，一一風荷舉。」更是千古絕唱。

〔浣溪沙〕樓上晴天碧四垂

周邦彥

樓上晴天碧四垂，樓前芳草接天涯，勸君莫上最高梯。
新筍已成堂下竹，落花都上燕巢泥，忍聽林表杜鵑啼。

【注釋】

1. 碧：指碧空，蔚藍的天空。
2. 芳草：香草。
3. 天涯：很遠的地方。
4. 堂下：屋前。
5. 林表：林梢，也就是樹的末端。

【譯文】

我登上樓來，只見清朗的藍天，像布幕一樣，高高垂掛在四周。樓的前方，一片碧綠草原，綿綿無盡，彷彿要蔓延到天邊。離鄉的人啊，勸你別登上樓的最高層；美麗的風光最容易叫人觸景生情。

周邦彥〈浣溪沙〉所述「新筍已成堂下竹」

瞧，新春時才發出的嫩筍，曾幾何時都長成了屋前濃密高大的竹子？昨日盛放的花朵，幾時已凋落滿地？那片片花瓣都叫燕兒和著泥土啣上屋樑，搭築起窩巢了。唉！時光飛逝，我卻仍作客異鄉，教我如何忍心去聽那林梢杜鵑「不如歸去」的哀啼。

【賞析】

作者的立足點在登高，從高樓遠眺四周，廣闊的空間盡收眼底。晴天裡沒有浮雲障目，極目遠望，晴朗開曠的藍天，與四周曠野一起延伸到無邊無際，分不出哪裡是天，哪裡又是地，渾然一碧，彷彿融進了無限浩渺的碧綠大洋，境界開闊。全篇主旨在上闋：「勸君莫上最高梯」，這和柳永在〈八聲甘州〉說的：「不忍登高臨遠，望故鄉渺邈，歸思難收。」所表一致，碧天、芳草、綠竹、落花等，都是敘說離鄉人的哀愁。

這首詞的主題看似普通，無任何特殊處，但關於離愁，作者寫來有景有情，景中含情，將廣闊的空間與推移的時間交相為用，抒寫曲折有緻，含蓄委婉。如強煥所云：「美成詞撫寫物態，曲盡其妙。」用這話來評價這首詞，頗為恰當。

〔滿江紅〕怒髮衝冠

岳飛

怒髮衝冠，憑欄處，瀟瀟雨歇。抬望眼，仰天長嘯，壯懷激烈。三十功名塵與土，八千里路雲和月。莫等閒，白了少年頭，空悲切。

靖康恥，猶未雪；臣子恨，何時滅？駕長車踏破，賀蘭山缺。壯志飢餐胡虜肉，笑談渴飲匈奴血。待從頭，收拾舊山河，朝天闕！

【作者】

岳飛（1103～1142），字鵬舉，今河南相州湯陰（今河南安陽市湯陰縣）永和鄉孝悌里人，南宋時期著名的將領。岳飛一生與北方女真族建立的金國作戰，為宋王朝抵禦異族侵略，最後卻受到統治者的猜忌而被監禁、殺害。宋孝宗淳熙六年（1169）追謚武穆，宋寧宗嘉定四年（1211）追封鄂王，後人稱之「岳武穆」或「岳王」。傳有《岳武穆集》，今存詞三首。

【注釋】

1. 冠：帽子。冠，音ㄍㄨㄢ。
2. 瀟瀟：形容風雨聲。
3. 歇：停止。
4. 長嘯：長聲呼嘯。嘯，音ㄒㄧㄠˋ。
5. 壯懷：悲壯的情懷。
6. 三十功名：三十年來的功名。
7. 塵與土：就像塵土一樣，一下子就消失了。
8. 八千里路：形容岳飛在沙場上奔波的路程。
9. 雲和月：披星戴月，奔波辛勞。
10. 等閒：輕易的。
11. 悲切：非常難過。
12. 靖康恥：宋徽宗靖康元年，金人攻破首都汴京，把徽宗俘虜去，第二年又把繼位的欽宗也俘虜了，這是宋朝人的恥辱。
13. 雪：雪恥。雪，音ㄒㄩㄝˇ。
14. 臣子：指宋朝的臣子。
15. 長車：一長列的軍車。車，音ㄐㄩ。

杭州岳飛祠的岳飛雕像

16. 賀蘭山：寧夏省內的山脈。
17. 缺：險隘關口。
18. 餐：吃。
19. 胡虜：指金人。
20. 飲：喝。
21. 匈奴：指金人。
22. 舊山河：舊日的大好河山。
23. 天闕：首都，天子所在的地方。闕，音ㄑㄩㄝˋ。

【譯文】

瀟瀟落下的雨水，已經停歇。依在高樓的欄杆邊，想起那數不盡的國仇家恨，不禁氣憤得直了髮、衝上冠。抬頭眺望遠方，即使仰天長聲呼嘯，也不能停止那熱烈悲壯的胸懷。三十年了，所得到的功名像塵土一樣，微不足道。過去那段長久的歲月，幾乎奔波了八千多里路，即使這麼說，還是不要輕易浪費掉大好的少年時光，否則到了老年時，就只能空自悲傷了。

再說徽、欽二帝被胡人擄走的恥辱，到現在還沒洗刷；我的悲恨，又要到什麼時候才能止

岳飛躍馬銅雕像

息。希望能夠早日率領兵馬軍車，浩浩蕩蕩直搗金人巢穴，踏破賀蘭山關口。到那時，餓了可以理直氣壯啃吃金人的肉；渴了可以談笑風生的啜飲金人的血，以消心頭之恨。趕快收復舊日的大好山河，那就可以無愧於心的向京師朝拜了。

【賞析】

紹興六年（1136）岳飛率軍從襄陽出發北上，陸續收復了洛陽附近的州縣，前鋒逼北宋故都汴京，大有一舉收復中原，直搗金國的老巢黃龍府（今吉林農安，金朝故都）之勢。但此時的宋高宗一心議和，聽信奸臣秦檜的讒言，連續以十二道金牌命令岳飛立即班師回朝；皇命浩蕩，岳飛不得已率軍回到鄂州。他痛感坐失良機，收復失地、洗雪靖康之恥的志向難以實現，在百感交集中寫下這首氣壯山河的〈滿江紅〉。

生於北宋末年的岳飛，親眼目睹山河破碎，國破家亡，他少年從軍，以「精忠報國」、「還我山河」為己任。轉戰各地，艱苦奮鬥殺敵，為的是「收拾舊山河」。這首詞所抒寫的即是這種英雄大氣。上闋透過憑欄眺望，抒發為國殺敵立功的豪情，下闋表達雪恥復國，重整乾坤的壯志。「三十功名塵與土，八千里路雲和月，莫等閒，白了少年頭，空悲切。」自傷神州未光復，勸人及時奮起，可為千古箴銘，而「八千里路」嚴峻激烈的復國征戰，流露滿腔熱血，遂以「莫等閒」自我激勵，以期實現驅除胡虜，光復河山的壯志。

〈踏莎行〉霧失樓臺

秦觀

霧失樓臺，月迷津渡，桃源望斷無尋處。可堪孤館閉春寒，杜鵑聲裡斜陽暮。驛寄梅花，魚傳尺素，砌成此恨無重數。郴江幸自繞郴山，為誰流下瀟湘去？

【作者】

秦觀（1049~1100），字少游，一字太虛，號淮海居士。揚州高郵（今江蘇高郵縣）人。與黃庭堅、張耒、晁補之合稱「蘇門四學士」。元豐八年（1085）進士及第，初為定海主簿、蔡州教授，元祐初蘇軾薦為祕書省正字，兼國史院編修官。哲宗時「新黨」執政，被貶為監處州酒稅，徙郴州，編管橫州，又徙雷州，至藤州而卒。

其散文長於議論，《宋史》評為：「文麗而思深」。其詩長於抒情，敖陶孫《詩評》說：「秦少遊如時女遊春，終傷婉弱。」他是北宋後期著名婉約派詞人，其詞大多描寫男女情愛和抒發仕途失意的哀怨，文字工巧精細，音律諧美，情韻兼勝。代表作為〈鵲橋仙・纖雲弄巧〉、

〈望海潮・梅英疏淡〉、〈滿庭芳・山抹微雲〉等。〈鵲橋仙〉中「兩情若是久長時，又豈在朝朝暮暮。」被《蓼園詞選》譽為「化臭腐為神奇」的名句。〈滿庭芳〉中的「斜陽外，寒鴉數點，流水繞孤村」被晁補之稱作「天生好言語」。張炎《詞源》說：「秦少遊詞體制淡雅，氣骨不衰，清麗中不斷意脈，咀嚼無滓，久而知味。」著有《淮海集》。

【注釋】

1. 津渡：渡口。
2. 可堪：那堪。
3. 驛寄梅花：陸凱在〈贈範曄詩〉中有：「折梅逢驛使，寄與隴頭人。江南無所有，聊寄一枝春。」
4. 魚傳尺素：〈古詩〉中有：「客從遠方來，遺我雙鯉魚。呼兒烹鯉魚，中有尺素書。」
5. 幸自：本自，本來是。
6. 郴江：位於湖南省郴縣，北流和耒水同入湘水。郴，音ㄔㄣ。
7. 為誰：為什麼。

【譯文】

迷霧遮蔽樓臺，暗淡的月色籠罩渡口，桃源仙境任你怎樣期盼都無法找到。怎能忍受這孤獨的驛站正緊緊關住春天的寒意，特別是在杜鵑悲啼不停，夕陽將暮時。

驛站捎來梅花，魚雁傳送書素，堆砌起來的怨恨，重重疊疊無法指數。郴江幸運而又悠然自得地環繞著郴山，究竟為了何人又要流向瀟湘去。

【賞析】

這首詞是秦觀被貶郴州時所作。詞中運用比興手法，抒發作者悵惘失望和寂寞愁苦的心情。委婉多情，低沈淒絕。「郴江幸自繞郴山，為誰流下瀟湘去？」蘇軾欣賞這兩句。

這首詞題為「郴州旅舍」，大約作於紹聖四年（1097）春三月。前此，由於新舊黨爭，秦觀出為杭州通判，又因御史劉拯告他增損神宗實錄，貶監處州酒稅。紹聖三年，再以寫佛書被罪，貶徙郴州（今湖南郴州市）。接二連三的貶謫，其心情之悲苦可想而知，形於筆端，詞作也益趨悽愴。此作寫於初抵郴州之時，以委婉曲折的筆法，抒寫謫居的淒苦與幽怨。成為蜚聲詞壇的千古絕唱。（蜚，音ㄈㄟ。蜚聲，比喻揚名。）

上闋寫謫居中寂寞淒冷的環境。開頭三句，緣情寫景，劈面推開一幅漫天迷霧隱去了樓臺，月色朦朧中，渡口顯得迷茫難辨，悽楚迷茫、黯然銷魂的畫面。「霧失樓臺，月迷津渡。」互文見義，不僅對句工整，不只狀寫景物，而是情景交融的佳句。「失」、「迷」二字，既準確地勾勒出月下霧中樓臺、津渡的模糊，又恰切地寫出作者無限淒迷的情緒。「霧失」、「月迷」，皆為下句「桃源望斷無尋處」出力。

〔鵲橋仙〕纖雲弄巧

秦觀

纖雲弄巧，飛星傳恨，銀漢迢迢暗渡。金風玉露一相逢，便勝卻人間無數。

柔情似水，佳期如夢，忍顧鵲橋歸路。兩情若是久長時，又豈在朝朝暮暮。

【注釋】

1. 纖：細小。
2. 飛星：移動的星星。
3. 銀漢：銀河。
4. 迢迢：很遙遠的樣子。
5. 金風：秋風。
6. 玉露：晶瑩似玉的露珠。

高郵文游堂的秦觀雕像

【譯文】

彩雲顯露出靈巧，流星傳遞著牛女的愁怨。縱然那迢迢銀河寬且闊，鵲橋上的牛郎織女喜相逢，團圓在金風習習霜降日，勝過了人間多少凡俗情。

莫說含情脈脈似流水，莫遺憾美好時光恍惚如夢，莫感慨牛郎織女七夕會，莫悲傷人生長恨水長東，只要是真情久長心相印，又何必朝夕相聚度此生。

【賞析】

〈鵲橋仙〉原是為詠牛郎、織女的愛情故事而創作的樂曲。本詞內容正是詠這段神話。借牛郎織女的故事，表現人間的悲歡離合，古已有之，如《古詩十九首》中的〈迢迢牽牛星〉，曹丕的〈燕歌行〉，李商隱的〈辛未七夕〉等都是。宋代的歐陽修、柳永、蘇軾、張先等人也曾吟詠這一題材，雖然遣辭造句各異，卻都因襲了「歡娛苦短」的傳統主題，格調哀婉、悽楚。相形之下，秦觀此詞堪稱獨出機杼，立意高遠。

天帝的孫女織女因愛上牛郎而誤了織彩雲，受到天帝處罰，用銀河把他們隔開，只許每年農曆七月初七晚上，藉助萬千喜鵲搭成的鵲橋渡過銀河相會一次。自漢魏以來，即有不少詠嘆這一故事的詩詞。這首詞被公認為其中的千古絕唱，「兩情若是久長時，又豈在朝朝暮暮。」已成名句。

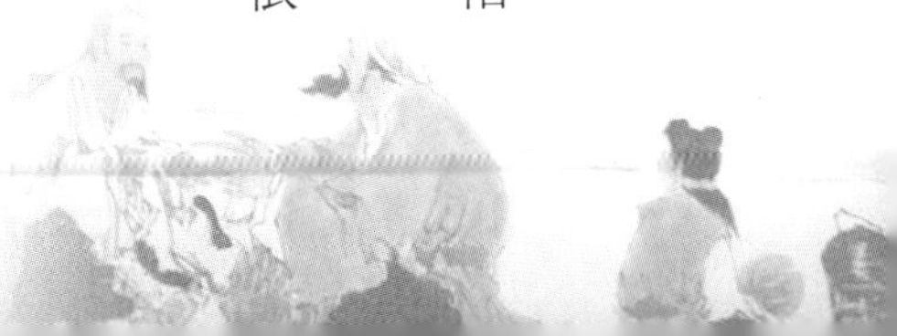

〔浣溪沙〕漠漠輕寒上小樓

秦觀

漠漠輕寒上小樓，曉陰無賴似窮秋，淡煙流水畫屏幽。
自在飛花輕似夢，無邊絲雨細如愁，寶簾閒挂小銀鉤。

【注釋】

1. 漠漠：像陰天一樣的冷漠。
2. 清寒：陰天，有些冷。
3. 曉陰：早晨天還陰著。
4. 無賴：厭惡之語。
5. 窮秋：秋天走到了盡頭。
6. 淡煙流水：畫屏上輕煙淡淡，流水潺潺。
7. 幽：意境悠遠。
8. 自在：自由自在。
9. 絲雨：細雨。
10. 寶簾：綴著珠寶的簾子。

11.閒挂：很隨意地掛著。挂，音ㄍㄨㄚˋ，同掛。

【譯文】

無邊無際的寒意悄悄爬上小樓，拂曉時分陰雲慘澹，像是荒涼的暮秋。彩色屏風上面，畫著流水潺潺，淡煙繚繞，也是一片迷濛隱幽。

優雅自在飛飄的楊柳，彷彿夢境般虛幻飄悠；絲絲不斷的細雨，如同我排遣不掉的憂愁。無奈之下，我把精美的簾幕掛起，獨自在窗前凝眸。

【賞析】

這首詞描寫一幅晚春拂曉清寒的景象。上闋以會意方式寫出「曉陰窮秋」的景象。「漠漠」形容清晨時煙霧絲雨、柳絮飛花交織成淡淡迷濛的畫面。「曉陰無賴」寫出閣樓中人發出的怨惱：「真是無奈呀！」清晨陰冷竟像深秋，暗示時節正當寒食清明之際。「淡煙」寫閣樓中人在曉陰輕寒中突然發現眼前景物之美，白濛濛的淡淡煙霧，潺潺流淌的碧水像一幅清幽、淡逸的畫境。

下闋承「畫屏幽」而選取「飛花」、「絲雨」富有動態性的細節意象，精描細繪畫境的清幽與樓中人似夢如怨的情懷。「自在」則形容柳絮與落紅順其自然地飄落而下，倏忽而去，有如縹緲的春夢一樣輕柔、空盈。最後以「閒挂」二字透出閣樓中人的空虛、閒寂的神情與心緒，與前

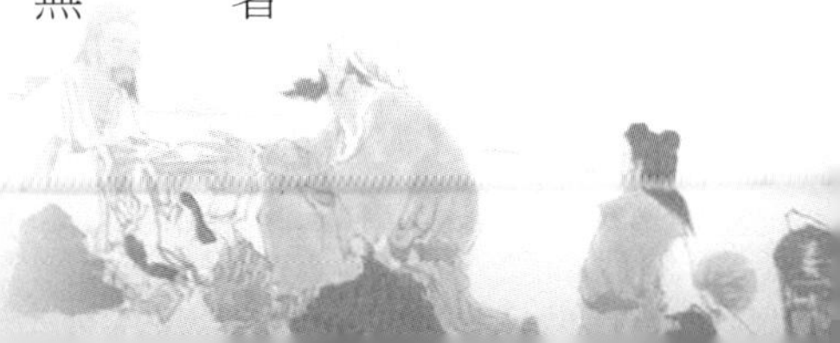

述景物描寫融合成一片。這首詞以清麗優美的語言，描繪一位相思女子處在精小的樓閣，以及她閒淡的精神世界，這兩者全包容在寥寥三十幾字的小令之中，卻表現得彷彿一件巧小玲瓏的藝術盆景，令人欣賞把玩不已。

秦觀雕像

秦觀雕像

〔臨江仙〕夢後樓台高鎖

晏幾道

夢後樓台高鎖，酒醒簾幕低垂。去年春恨卻來時，落花人獨立，微雨燕雙飛。

記得小蘋初見，兩重心字羅衣。琵琶絃上說相思，當時明月在，曾照彩雲歸。

【作者】

晏幾道，字叔原，號小山，臨川（江西撫州市）人，著名詞人晏殊為其第七個兒子，兩人並稱「二晏」。晚年家境中落，生活貧困。他的詞繼承了「花間」精雕細琢、用色濃艷的特點，並接受南唐白描技巧的影響。詞作多寫情愛、離別，常帶感傷情調。尤工樂府。著有《小山詞》，存詞二六〇首。歷任潁昌府許田鎮監、乾寧軍通判、開封府判官等。

【注釋】

1. 春恨：春日離別的情思。

2. 卻來：又來。
3. 小蘋：是晏幾道朋友家歌女的名字。
4. 彩雲：這裡指小蘋。

【譯文】

醉後夢時，躺在緊鎖的高樓上，酒醒時簾幕低放垂落，去年春時惹起的恨，一年還復一年，恰似落花紛飛，我孤獨一人佇立，細雨霏霏，燕兒成雙飛舞著。

記得當年與小蘋初次相會時，她身著一件兩重衣領屈曲如心字的綢衣，撥彈琵琶，訴說著相思之情，而昔時明月今尚在，曾映照著如絢麗雲朵般的小蘋一起歸去。

晏幾道〈臨江仙〉描寫的「夢後樓台高鎖」

【賞析】

這是一首感時懷人、傷離恨別之作，最能表現作者流連歌酒，無意仕途的心境及曲折深婉的詞風。上闋寫今日相思。先寫景，後言情，即景抒情；下闋補敘初見歌女小蘋時的情景。這首詞，通篇用形象抒情暢懷，以境界會意，作者懷念歌女小蘋的難言相思之情，寄寓於暮春的景物描繪之中，詞盡而意猶未盡，蘊藉含蓄，輕柔自然。感情深摯，優美動人。

〔鷓鴣天〕彩袖殷勤捧玉鐘

晏幾道

彩袖殷勤捧玉鍾。當年拚卻醉顏紅。舞低楊柳樓心月，
歌盡桃花扇底風。
從別後，憶相逢。幾回魂夢與君同。今宵賸把銀釭照，
猶恐相逢是夢中。

【注釋】

1. 彩袖：借代手法，指歌舞女子的美麗。
2. 玉鍾：酒杯的美稱。
3. 拚卻：不顧一切、拋卻。拚，音ㄆㄢˋ。
4. 舞低楊柳樓心月：以月亮的升落，描寫時間之長，且以誇張手法極寫雙方盡興。
5. 桃花扇：繪有桃花的扇子。多為女子所持，相映成美。
6. 賸：賸，音ㄕㄥˋ，只管。
7. 銀釭：銀燈。釭，音ㄍㄤ，燈。

【譯文】

依稀記得當年妳穿著華麗的舞衣，從長長的水袖裡伸出纖纖玉手，情深意濃的捧著酒杯，殷勤的勸酒。癡迷如我，又酒逢知己，不推辭也不惜一醉，更不怕臉紅的拚命痛飲著；那天晚上，妳在楊柳圍繞的高樓中，翩翩起舞，在搖動繪有桃花的團扇時，緩緩而歌；這絢麗而歡樂的場面，一直持續到月落風定後，方才止歇。

自從別離後，念念不忘這段歡樂的過往，多少回作夢與妳歡聚在一起，想不到，今夜我倆突然有機會，彼此相對而坐，讓我又驚又喜，不敢相信這是事實，便不由自主的頻頻舉起銀燈照了又照，生怕這又是一場夢幻！

【賞析】

這首詞描寫別後重逢，宛轉曲折。上闋追憶當年歡宴，輕歌曼舞，通宵達旦。下闋先描寫別後相憶，接寫今宵重逢，「賸把」、「猶恐」四字，將微妙的感情表現得極為生動；兩人在證實不是夢境後的心情，可以推見。這首詞以相逢抒別恨。抒情細膩，詞情婉麗，曲折有緻。

晏幾道〈鷓鴣天〉描寫的「舞低楊柳樓心月」

〈浣溪沙〉一曲新詞酒一杯

晏殊

一曲新詞酒一杯，去年天氣舊池臺，夕陽西下幾時回？
無可奈何花落去，似曾相識燕歸來，小園香徑獨徘徊。

【作者】

晏殊（991～1055），字同叔，臨川（今屬江西）人，七歲能文，十四歲以神童召試，賜同進士出身。宋仁宗時官至同平章事兼樞密使，范仲淹、韓琦、歐陽修等名臣皆出其門下，父親為著名詞人晏幾道。卒後諡元獻。晏殊一生富貴悠遊，所作詞歌多吟成於舞榭歌台、花前月下，筆調閒婉，理致深蘊，音律諧適，詞語雅麗，為當時詞壇耆宿。著有《珠玉詞》。

【注釋】

1. 浣溪沙：此調原為唐教坊曲，因西施浣紗於若耶溪，故又名〈浣溪紗〉或〈浣紗溪〉。有平韻、仄韻兩體，均為雙調四十二字。
2. 「去年」句：語本唐人鄧穀〈和知己秋日傷懷〉「流水歌聲共不回，去年天氣舊池台。」
3. 香徑：花園裡的小路。

晏殊〈破陣子〉所述「去年天氣舊池臺」

【譯文】

作一闋新詞，喝一杯酒，只見亭台依舊，天氣也與去年暮春相同，又是夕陽西下，逝去的時光，何時可以再回來？

無可奈何花朵都凋落謝去，每年此時，那些似曾相識的燕子都會飛回來，花園小徑上，有我孤獨的身影來回徘徊。

【賞析】

這是一首膾炙人口的小令，語言圓轉流利，明白清晰。此詞所寫，是常見的傷春惜春的主題，但意蘊虛涵深廣的文字，給人以一種理性的啟迪。「無可奈何花落去，似曾相識燕歸來。」為一名句；這一聯工巧而渾成，流利而含蓄，表現出作者巧思深情，遂能成為後世傳誦的佳句名言，其蘊含的生活哲理，更為人所稱道。

晏殊在這首詞中，抒發了暮春的惆悵和深思。上闋寫新詞美酒之樂，輕鬆閒適之態；下闋表現出舊物消失與新物重現的復回與變化，文字巧妙，果為一絕。

〔清平樂〕金風細細

晏殊

金風細細，葉葉梧桐墜。綠酒初嘗人易醉，一枕小窗濃睡。

紫薇朱槿花殘，斜陽卻照闌干。雙燕欲歸時節，銀屏昨夜微寒。

【注釋】

1. 金風：秋風，古代以陰陽五行解釋季節演變，秋屬金，故稱秋風為金風。
2. 紫薇：花名，亦稱紫葳，凌霄花的別名，夏秋開花。
3. 朱槿：花名，即扶桑。槿，音ㄐㄧㄣˇ。
4. 銀屏：鑲銀或銀色的屏風，藉指華美的居室。

【譯文】

微微的秋風細細吹，梧桐樹葉飄零墜落。新釀的綠酒美味香醇，初嚐一口便使人陶醉，小窗前一枕酣眠睡意濃。

紫薇朱槿花在秋季裡凋殘，夕陽餘暉正映照著樓閣欄杆，雙燕到了將要南飛的季節，銀屏鑲嵌的屏風昨夜還透著些許微寒。

【賞析】

這首詞以微細的筆觸描述淡淡的悲秋情緒，晏殊以清雅、婉柔的文辭如意象展現出和諧、閒雅的秋景與秋情。上闋寫酒醉濃睡。下闋寫秋景，隱逸閒愁之因。作者從景物的變易和主人公細微的感觸下筆著墨，卻不正面寫情，讀來卻使人品味到句句寓情、字字含愁。語言清麗，風調和婉。末兩句寫出了作者淒涼的心境。「雙燕欲歸時節，銀屏昨夜微寒。」這兩句則點明秋意，暗含羡慕之意。雙燕可成雙成對歸去，燕婉相親，而屏風裡的人卻只能單眠獨宿，心境豈能不感到微寒。

全詞以纖細感覺，淡淡的哀愁，厚重的色彩，閒雅的格調，生動的形象，構成一幅冷清的氛圍和意境，表現作者獨特的秋日愁思。清雅與華貴並存，構成一種冷清索然的氛圍和意境，有如一幅多彩且工麗的秋意圖。

晏殊〈清平樂〉所述「紫薇朱槿花殘」的朱槿

〈雨霖鈴〉寒蟬淒切

柳永

寒蟬淒切，對長亭晚，驟雨初歇。都門帳飲無緒，留戀處，蘭舟催發。執手相看淚眼，竟無語凝噎。念去去，千里煙波，暮靄沉沉楚天闊。

多情自古傷離別，更那堪，冷落清秋節。今宵酒醒何處？楊柳岸，曉風殘月。此去經年，應是良辰，好景虛設。便縱有，千種風情，更與何人說？

【作者】

柳永（987～1053），本名三變，後改名永，表字景庄、耆卿。家中排行第七，又稱柳七。福建崇安（今福建省武夷山市）人。

淳化三年（992），柳永父柳宜通判全州，柳永被安置於福建崇安，至道元年（995）回到汴京。柳永與張先齊名，並稱張柳。柳永的父親、叔叔、哥哥三接、三復都是進士，連兒子、侄子都是。柳永本人卻仕途坎坷，四十六歲時，參拜宰相晏殊時，因〈定風波〉中一句「綵線閒沾伴伊坐」被掃地出門。景祐元年（1034），才賜進士出身，是時已年近半百。曾授屯田員外郎，又稱柳屯田。柳永平生出言不遜，經常得罪朝官，貶為平民，從此出入名妓花樓，自稱奉旨填詞柳三變。詞作極佳，流傳甚廣。其作品僅《樂章集》一卷流傳至今。描寫羈旅窮愁的，如〈雨霖鈴〉、〈八聲甘州〉，以嚴肅的態度，唱出不忍的離別，難收的歸思，如「多情自古傷離別，更那堪冷落清秋節！今宵酒醒何處？楊柳岸曉風殘月。」一句極富感染力。陳振孫《直齋書錄解題》評說：「耆卿詞格固不高，而音律諧婉，語意妥貼，承平氣象，形容曲盡，尤工於羈旅行役。」

柳永一生都在妓院巷裡親熱唱和，大部分的詞產生在青樓笙歌艷舞、錦楊繡被之中，當時歌妓們的心聲是：「不願君王召，願得柳七叫；不願千黃金，願得柳七心；不願神仙見，願識柳七面。」柳永晚年窮愁潦倒，死時一貧如洗，是他的歌妓姐妹集資營葬。死後亦無親族祭奠，每年清明節，歌妓都相約赴其墳墓祭掃，並相沿成習，稱之「吊柳七」或「吊柳會」。

柳詞可分俚、雅兩派。蘇軾稱：「世言柳耆卿曲俗，非也，如〈八聲甘州〉之『霜風淒緊，關河冷落，殘照當樓』，此語於詩句不減唐人高處。」

柳永雕像

凡有井水處，即能歌柳詞。宋朝葉夢得《避暑錄話》記載：「柳永為舉子時，多遊狹邪，善為歌辭。教坊樂工每得新腔，必求永為辭，始行於世，於是聲傳一時。餘仕丹徒，嘗見一西夏歸朝官云：『凡有井水處，即能歌柳詞。』」

【注釋】

1. 驟雨：來得快而急的陣雨。
2. 都門帳飲：在京都的郊外搭起帳幕設宴餞行。
3. 留戀處：一作「方留亦處」。
4. 蘭舟：根據《述異記》載，魯班曾經刻木蘭樹為舟。所以後人以此來做為船的美稱。
5. 凝噎：悲痛氣塞，說不出話來。一作「凝咽」。噎，音ㄧㄝ。
6. 去去：重複言之，用來加強表示行程之遠。
7. 暮靄：傍晚的雲氣。
8. 沉沉：深厚的樣子。
9. 楚天：南天。古時長江下游地區屬楚國，所以稱楚天為南天。
10. 經年：一年又一年。
11. 風情：這裡指男女之間的戀情。

【譯文】

秋後的蟬兒叫得那樣淒涼悲切，面對和亭，正是傍晚時候，一陣急雨剛煞住。在汴京城門外餞行的帳蓬裡喝著悶酒，沒有好心情，正在依依不捨的時候，船上人已催促著要出發了，握著手互相瞧看，滿眼淚花，直到最後仍無言相對，千言萬語都噎在喉間說不出來。想到這回去南方，這一程又一程，千里迢迢，一片煙波，那夜霧沉沉的楚地天空竟是一望無邊。

自古以來多情人最傷心的莫過於離別，更何況又逢這冷落淒涼的秋天，離愁哪能經受得了。誰知我今夜酒醒時身在何處？怕是只有楊柳岸邊，淒厲的晨風和黎明的殘月了。這一去，長年相別，相愛的人不能在一起，我料想即使遇到好天氣、好風景，也如同虛設，縱然有滿腹情意，又能向誰訴說呢？

【賞析】

詞的上闋寫一對戀人餞行時難分難捨的別情。首三句描寫離

別情景，點明地點和節序。《禮記‧月令》云：「孟秋之月，寒蟬鳴。」可見時間約在農曆七月。然而作者並沒有純客觀地鋪序自然景物，卻是透過景物描寫，氛圍渲染，融情入景，暗寓別意。時當秋季，景已蕭瑟；且值天晚，暮色陰沉；驟雨滂沱之後，繼之以寒蟬淒切，作者所見所聞，無處不淒涼。加上「對長亭晚」這一句，句法結構是一、二、一，頓挫吞咽之致，準確地傳達淒涼況味。

「都門帳飲」，語出江淹〈別賦〉：「帳飲東都，送客金谷。」戀人在都門外的長亭擺下酒筵為他送別，當面對美酒佳餚，作者毫無興致。可見他的思緒正專注於戀人，所以詞中接下去說：「留戀處，蘭舟催發。」這七字完全寫實，卻以精鍊之筆刻劃典型離別情懷；一邊是留戀情濃，一邊是蘭舟催發，這樣的矛盾衝突何其尖銳。林通〈相思令〉云：「君淚盈，妾淚盈，羅帶同心結未成，江頭潮欲平。」暗示船將啟碇，情人難捨。

詞是依附於音樂的抒情詩體，講究每一個字的平仄陰陽，其中，去聲字尤居關鍵地位。這裡的去聲「念」字用的特別好。清人萬樹《詞律發凡》云：「名詞轉折跌盪處，多用去聲，何也？三聲之中，上、入兩者可以作平，去則獨異。……當用去者，非去則激不起。」此詞以去聲「念」做為領字，上承「凝噎」，自然一轉，下啟「千里」以下，一氣流貫。「念」字後「去去」兩字連用，則愈顯激越聲勢，讀時一字一頓，遂覺去路茫茫，心思緲遠。

〔鳳棲梧〕佇倚危樓風細細

柳永

佇倚危樓風細細，望極離愁，黯黯生天際。草色煙光殘照裡，無人會得憑闌意。

擬把疏狂圖一醉，對酒當歌，強樂還無味。衣帶漸寬終不悔，為伊消得人憔悴。

【注釋】

1. 危樓：高樓。
2. 黯黯：迷濛不明。
3. 擬把：打算。
4. 疏狂：粗疏狂放，不合時宜。
5. 對酒當歌：語出曹操〈短歌行〉。當，與「對」意同。
6. 強：勉強。
7. 強樂：強顏歡笑。

位於武夷山的柳永紀念館

8.衣帶漸寬：指人逐漸消瘦。語本《古詩》「相去日已遠，衣帶日已緩。」

【譯文】

他久立在高樓上，微風一絲絲的拂面而過，望不盡春日離愁，黯然地從遙遠無邊的天際升起。碧綠的草色，迷濛的煙影，掩映在落日餘暉裡，默默無言，誰人會理解他獨自憑欄的深沉含意？

打算讓這疏懶放縱的心情喝個酩酊，當面對美酒縱情高歌，勉強取得歡樂，反而覺得毫無意味。衣衫絲帶逐漸寬鬆，可是他始終未感懊悔，寧願為伊人消瘦得精神萎靡，容顏憔悴。

【賞析】

這是一首懷人詞。上闋寫登高望遠，離愁油然而生。下闋寫主人公為消釋離愁，決意痛飲狂歌「擬把疏狂圖一醉」。但強顏為歡，終覺「無味」。作者筆勢開闔動盪，頗具波瀾。結尾「衣帶漸寬」二句以健筆寫柔情，自誓甘願為思念伊人而日漸消瘦與憔悴。表現主人公堅毅性格與執著的態度，詞境也因此得以昇華。王國維在《人間詞語》中談到：「古今之成大事業、大學問者，必經過三種境界。」其中第二境便是：「衣帶漸寬終不悔，為伊消得人憔悴。」柳永這兩句詞，正吻合、概括了鍥而不捨的堅毅性格與執著態度。

〔蘇幕遮〕碧雲天

范仲淹

碧雲天，黃葉地，秋色連波，波上寒煙翠。山映斜陽天接水，芳草無情，更在斜陽外。

黯鄉魂，追旅思，夜夜除非，好夢留人睡。明月樓高休獨倚，酒入愁腸，化作相思淚。

【作者】

范仲淹（989～1052），字希文，蘇州吳縣（今江蘇蘇州市）人，政治家、文學家。其父范墉，曾任武寧軍節度掌書記。范仲淹兩歲喪父，家境中道衰落。他從小不但勤奮好學，而且胸懷遠大政治抱負，以天下為己任。宋真宗大中祥符八年（1015）進士及第。仁宗時曾任秘閣校理，為人忠直，極言敢諫，曾被貶河中府通判。仁宗明道二年（1033）任右司諫，景祐年間知開封府，上《百官圖》，譏刺宰相呂夷簡不能選賢任能，被貶饒州。康定元年（1040），召范仲淹為龍圖閣直學士，陝西經略安撫副使，兼知延州，以防禦西夏侵擾，他採取了一系列確實可行的措施，卓有成效地鞏固了西北邊防，聲望大增。仁宗慶曆三年（1043）回朝任樞密副使、參知政事，繼而向仁宗提出十項政治改革的主張，這就是後人所稱的「慶曆新政」。這些新的政治措施遭到保守勢力聯合進攻，范仲淹被迫離開朝廷，罷去參知政事，新政失敗。此後又知鄧州、杭州、青州等地，最後病死於徐州。卒贈兵部尚書，諡文正。

范仲淹在學術上以易學著名，其文學同為後世景仰，在文風卑弱的宋初，范仲淹反對西崑派，反對駢體文，主張質樸、有實際社會內容的作品來矯正文弊。一生論著豐厚，詩、詞、散文都出色，有不少愛國憂民、反映社會現實的作品，頗見功力、頗具特色。名篇有散文〈岳陽樓記〉、詞〈漁家傲〉、詩〈江上漁者〉等。集有《範文正公集》，他上繼李、杜、韓、柳，下啟歐陽修、曾鞏、三蘇、王安石等，與穆修、柳開一起，為北宋詩文革新運動奠定基礎。

【注釋】

1. 波：水波，這裡指水面。
2. 黯鄉魂：因思念家鄉而黯然銷魂。黯，愁苦的樣子。語出江淹〈別賦〉：「黯然銷魂者，唯別而已矣。」
3. 追旅思：羈旅的愁思纏繞不休。追，追隨，糾纏。思，心緒、情懷。
4. 好夢：指回家歡聚的夢想。羈旅異鄉的客中愁思。

【譯文】

白雲滿天，黃葉遍地，秋天的景色映進江上碧波，水波上籠罩著寒煙，一片蒼翠。遠山沐浴著夕陽，天空連接江水，岸邊的芳草似為無情，就在西斜的太陽之外。

黯然感傷的他鄉之魂，追逐旅居異地的愁思，每天夜裡，除了美夢才能留人入睡。當明月照射高樓時，不要獨自依倚，端起酒來洗滌愁腸，卻都一一化作相思淚水。

【賞析】

這首詞抒寫旅思鄉愁之情，情致深婉而意境闊大。上闋寫景，視野空遠，下闋抒情，情深意摯。透過秋景的描繪，抒寫作者離鄉之愁、去國之憂。碧雲、黃葉、翠煙，是用色澤渲染夕陽下的秋景，藉以加深印象。鄉魂、旅思、愁腸、相思淚，用來映襯觸景生情、夜不能寐的客子離恨。秋景的動人，適足以反襯出客愁深長。

寫鄉思離愁的詞，往往藉蕭瑟的秋景來表達，這首詞所描繪的景色卻闊遠而穠麗。一方面顯示作者廣闊的胸襟和對自然生活的熱愛，反過來更襯托出離情的可傷悲，另一方面又使下闋所抒之情顯得柔中有骨，深摯而不流於頹靡。詞句「碧雲天」、「秋色連波」、「波上寒煙翠」、「酒入愁腸，化作相思淚。」後來都成為佳句名言。著名小說家瓊瑤的作品〈碧雲天〉、〈寒煙翠〉即取名自范仲淹的這首詞句。

〔漁家傲〕塞下秋來風景異

范仲淹

塞下秋來風景異，衡陽雁去無留意。四面邊聲連角起。

千嶂裡，長煙落日孤城閉。

濁酒一杯家萬里，燕然未勒歸無計。羌管悠悠霜滿地。

人不寐，將軍白髮征夫淚。

【注釋】

1.漁家傲：又名〈吳門柳〉、〈忍辱仙人〉、〈荊溪詠〉、〈游仙關〉。

2.衡陽雁去：相傳大雁飛至衡陽不再南去，城南有回雁峰。

3.邊聲：邊地的各種聲音。

4.燕然未勒：無破敵之功。勒：刻。

5.羌管：笛也，因出自羌中而得名。

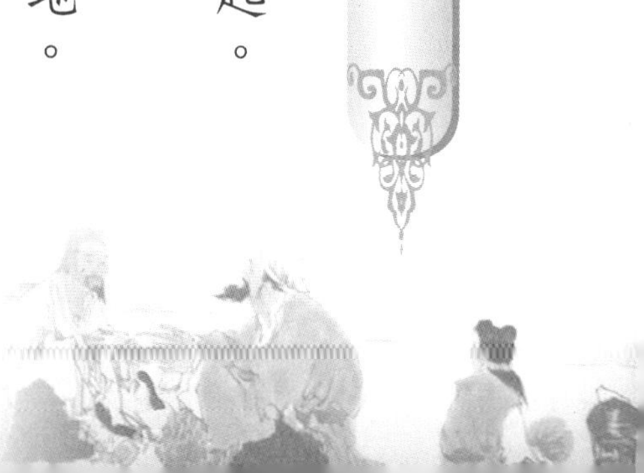

【譯文】

邊境上的秋天一到，景色全變了樣，向衡陽飛去的雁群毫無留戀的情意。從四面八方傳來的邊地悲聲，隨著號角響起。重重疊疊的山峰裡，長煙直上，落日斜照，孤城緊閉。

喝一杯陳年老酒懷念遠隔萬里的家鄉，可是燕然還未刻上平胡的功績，回歸無法預期。羌人的笛聲悠揚，寒霜撒滿大地。征人不能入寐，將軍頭髮花白，戰士灑下淚水。

【賞析】

作者於宋仁宗康定元年（1040）任陝西經略副使兼知延州，抵禦西夏發動的叛亂戰爭。在西北邊塞生活達四年之久，對邊境生活與士兵的疾苦有深刻的理解，治軍也頗有成效。當地民謠說道：「軍中有一范，西賊聞之驚破膽。」這首詞被認為作於是時。

這首詞反映了邊塞生活的艱苦。一方面，表現出作者平息叛亂、反對侵略和鞏固邊防的決心和意志，另方面，也描寫了外患未除、功業未建以及久戍邊地、士兵思鄉等複雜矛盾的心情。這種複雜苦悶心情的產生，與當時宋王朝對內對外政策有關。作者針對現實，曾經提出政治改革方案，但都未得採納。北宋王朝當時將主力用於對內部人民鎮壓，對遼和西夏的叛亂侵擾，則採取守勢，後來招致對遼和西夏用兵的失敗，轉而加速國內危機。作者在詞中所反映功業未建的苦悶心情，正是這一歷史現實的真實寫照。

在范仲淹之前，少有人用這一形式真實地反映邊塞生活。宋魏泰在《東軒筆錄》中說：「范文正公守邊日，作《漁家傲》樂歌數闋，皆以『塞下秋來』為首句，頗述邊鎮之勞苦。」在北宋柔靡詞風統治詞壇的形勢下，能夠出現這種氣魄浩大的作品，僅止范仲淹，它標誌著北宋詞風轉變的開端，並明示范仲淹是蘇軾、辛棄疾等豪放詞的先驅者。

范仲淹祠堂

范仲淹紀念館

〔訴衷情〕當年萬里覓封侯

陸游

當年萬里覓封侯，匹馬戍梁州。關河夢斷何處？塵暗舊貂裘。

胡未滅，鬢先秋，淚空流。此生誰料，心在天山，身老滄洲。

【作者】

陸游（1125~1210），字務觀，號放翁，越州山陰（今浙江省紹興市）人。父親陸宰是個具有愛國思想的知識分子，受家庭教育的影響，陸游從小就樹立憂國憂民的思想和殺敵報國的壯志。自幼好學不倦，「年十二能詩文」，還學劍、鑽研兵書。二十五歲時，向具有愛國思想的詩人曾幾學詩，受益匪淺，從此確定了他詩歌創作的愛國主義基調。

紹興二十三年（1153），他到臨安應試進士，因「喜論恢復」，受到秦檜忌恨，複試時竟被除名。直到秦檜死後三年（1158）才出任福州寧德縣主簿。宋孝宗即位之初，他被召見，賜進士出身。歷任鎮江、夔州通判，並參王炎、范成大幕府，提舉福建及江南西路常平茶鹽公事，權知嚴州。光宗時，除朝議大夫，禮部郎中。後被劾去職，歸老山陰故鄉。他「身雜老農間」，為農民送醫送藥，與農民結下深厚情誼。嘉定二年（1210），八十五歲的陸游，抱著「死前恨不見中原」的遺恨，離開人世。他生當民族矛盾尖銳、國勢危迫的時代，懷抱「鐵馬橫戈」、「氣吞胡虜」的英雄氣概和「一身報國有萬死」的犧牲精神，決心「掃胡塵」、「靖國難」，但在政治鬥爭中，屢遭朝廷投降派的排擠和打擊，可是他始終不渝地堅持自己的理想。

他一生創作豐沛，今存詩將近萬首，題材廣泛，內容豐富，還有詞一百三十首和大量散文。其中，詩的成就最為顯著，前期多為愛國詩，詩風宏麗、豪邁奔放。後期多為田園詩，風格清麗、平淡自然。他的詩，洋溢著強烈的愛國主義精神。他的詞，多數為飄逸婉麗的作品，但也有為數不少慷慨激昂的作品，充滿悲壯的愛國激情。毛晉〈放翁詞跋〉說：「楊用修（慎）云：『放翁詞纖麗處似淮海（秦觀），雄慨處

似東坡。』予謂超爽處更似稼軒耳。」他的散文成就也高，被前人推為南宋宗匠。所寫的政論、史記、遊記、序、跋等，大都語言洗煉，結構整飭。著有《渭南文集》、《劍南詩稿》、《南唐書》、《老學庵筆記》等傳世。

【注釋】

1. 訴衷情：此調原為唐教坊曲，又名〈桃花水〉、〈畫樓空〉等。五代詞人演為〈訴衷情令〉，用以寫相思之情。陸游此詞，就體制而言，當是〈訴衷情令〉。雙調，四十四字，平韻。
2. 萬里覓封侯：東漢班超曾說，大丈夫當「立功異域，以取封侯。」後來他出使西域，使蔥嶺以東五十餘國歸附漢朝，因功封為定遠侯。這裡借指立功報國。
3. 匹馬戍梁州：梁州，漢中。漢中有梁山，故名梁州。匹馬戍梁州，指乾道八年（1172）陸游四十八歲時，在漢中任四川宣撫使王炎的幕僚。
4. 關河：關，關塞。河，河防。關河，泛指邊地險要的戰守之處。
5. 塵暗舊貂裘：傳說蘇秦十次遊說秦王無成，回家時「黑貂之裘弊」《戰國策・秦策》。這裡是以貂裘積滿灰塵，陳舊變色，暗示自己長期閒置而功業未成。
6. 天山：新疆境內，漢唐時為西北邊陲。心在天山，即猶有萬里從軍之志。
7. 滄洲：水邊。陸游晚年退居山陰湖邊的三山村。

【譯文】

回憶當年為了尋覓封侯，鵬程萬里奔波；單槍匹馬奔赴邊境保衛梁州，如今防守邊疆要塞的從軍生活已成夢境，夢醒時分，知在何處？灰塵已經鋪滿昔日出征時穿的貂裘。

胡人還未消滅，鬢邊已呈秋霜，感傷的淚水汨汨淌流。這一生誰能預料，原想一心一意抗敵到天山，如今卻得老死滄洲。

【賞析】

這首詞多處使用情境的對比，倍增悲愴力量。從當年「萬里覓封侯，匹馬戍梁州。」到最後落得「關河夢斷何處，塵暗舊貂裘。」的下場。抵擋不住催人的流光，「胡未滅，鬢先秋。」陸游的淚水早已超越個人苦難。望著秋霜繁重的兩鬢，想到胡難未靖，人生將殘，而大勢早去，怎能不難過揮淚痛哭！「心在天山，身老滄洲。」比「身在江湖，心懷魏闕。」的憂國情操還要直接、沉痛。「此生誰料」總結全詞烈士暮年不為所用，壯志未已的遺憾與悲哀。

〔釵頭鳳〕紅酥手

陸游

紅酥手，黃縢酒。滿城春色宮牆柳。東風惡，歡情薄。一懷愁緒，幾年離索。錯，錯，錯。春如舊，人空瘦。淚痕紅浥鮫綃透。桃花落，閒池閣。山盟雖在，錦書難托。莫，莫，莫。

【注釋】

1. 釵頭鳳：詞牌名。
2. 紅酥手：紅潤白嫩的手。
3. 黃縢酒：黃紙封口的官酒，在此借指美酒。
4. 東風惡：即春風摧花之難以抗拒的自然規律。這裡喻指摧殘愛情的封建勢力。
5. 離索：離散。
6. 浥：濕潤。浥，音一丶。
7. 鮫綃：絲綢手帕。綃，音ㄒㄧㄠ。

8. 錦書：書信。

9. 莫：罷了。

【譯文】

滿城春色，宮牆裡的翠柳隨風婀娜飄逸，你柔軟細緻的雙手，斟上黃封的美酒，一起暢飲。這短暫的一切，被作惡的東風無情地吹散了。離別幾十年的生活倍感蕭索，愁緒就像滿杯的酒那樣，感嘆當初錯，錯，錯。

美麗的春景依舊，只是天天相思，日漸消瘦。淚水洗盡臉上的胭紅，把薄綢的手帕全都浸透，卻難以洗盡心中愁怨。滿園子的桃花凋落在寂靜的池塘，和空曠的樓閣。誓言雖在，可是錦緞書信再也難以交付，痛苦的我只能感嘆莫，莫，莫。

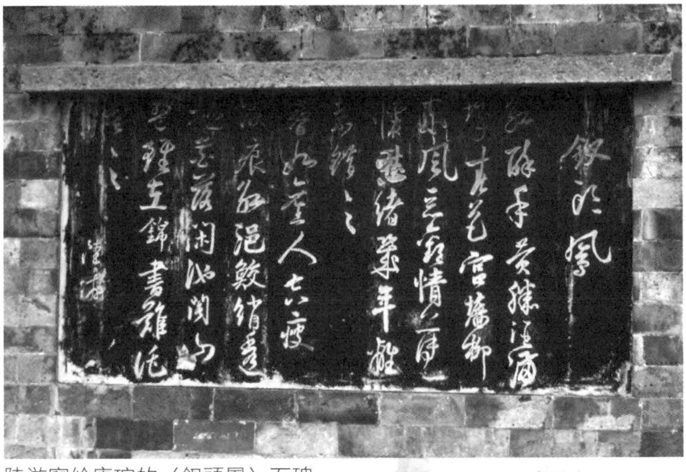

陸游寫給唐琬的〈釵頭鳳〉石碑

【賞析】

陸游初娶舅父唐閎之女唐琬為妻，婚後夫婦兩人恩愛無比，但陸游的母親不喜歡這個侄女，礙於母命難違，陸游不得不與唐氏離異。離異後的唐琬改嫁同郡宗子趙士程，在一次春游中，陸游與唐琬及其夫婿趙士程邂逅於紹興城南禹跡寺附近的沈園。唐琬徵得夫婿同意，遣人送酒饌致意，陸游感於前事，遂題本詞於沈園壁上。

這首詞的上闋，是陸游追敘今昔之異。昔日的歡情，有如強勁的東風把枝頭繁花一掃成空。別後數年心境蕭索，滿腔愁緒未嘗釋懷，此恨既已鑄成，事實無可挽回。作者不僅借用手的描寫來襯托唐琬儀容婉麗，並暗示唐琬捧酒相勸的殷勤之意。這一情境陡地喚起陸游無限的感慨與回憶，當年的沈園和禹跡寺，曾是這一對恩愛夫妻攜手賞景之地，曾幾何時，鴛侶被硬生生拆散，愛妻易嫁他人，滿城春色依舊，而人事全非，暗含可望而難近的情懷。

「東風惡，歡情薄，一懷愁緒，幾年離索。」藉東風吹落繁花來比喻好景不常，歡情難再。抑或指驅散美好姻緣的封建傳統禮制，對陸游來說，簡直無法抗拒，儘管美滿婚姻短暫夭折，好景不常，歡情不再，迫使陸游止不住向前妻傾訴分手後的愁苦與寂寞，錯已鑄成，即便自責也於事無補，只有含恨終身。

下闋則是泣訴兩人別後的相思之情，雖然眼前風光依舊，卻已物是人非，為思君消瘦憔悴，終日以淚洗面，任它花開花落，已無意再臨池閣。當年的山盟海誓杳成空願，雖欲托書通情，無奈礙於唐琬再嫁，只能作罷。

「桃花落，閑池閣，山盟雖在，錦書難托。」這四句寫出唐琬改嫁後，彼此心中無限幽怨。「莫，莫，莫。」結尾疊句，低婉幽咽，絕望無奈的嘆息，使人讀來肝腸寸斷。

全詞用字感情充沛，如泣如訴，這是詩人內心深處難以言表的愧悔，也是對封建禮教的深沉控訴。

〔釵頭鳳〕世情薄

唐琬

世情薄，人情惡。雨送黃昏花易落。曉風乾，淚痕殘。
欲箋心事，獨語斜闌。難，難，難。
人成各，今非昨。病魂常似秋千索。角聲寒，夜闌珊。
怕人尋問，咽淚裝歡。瞞，瞞，瞞。

【作者】

唐琬，字蕙仙，生卒年月不詳。陸游的表妹，陸游母舅唐閎的女兒，自幼文靜靈秀，才華橫溢。她是陸游的第一任妻子，後因陸母偏見而被拆散；因此寫下著名的〈釵頭鳳‧世情薄〉。

【注釋】

1. 唐琬：原為陸游的妻子，後因陸母反對而分開。某日，陸游獨遊沈園，無意中遇到唐琬和丈夫趙士程，不由感慨萬分，在沈園壁上寫下著名的〈釵頭鳳‧紅酥手〉一詞。唐琬看後，失聲痛哭，回家後也寫下這首〈釵頭鳳‧世情薄〉傾訴心曲，不久鬱鬱而終。

2. 箋：書信、信札。
3. 闌珊：衰落、蕭瑟的樣子。

【譯文】

世事炎涼，人心莫測，黃昏時下的雨，打落片片桃花，這淒涼的情景使人不禁憂傷起來。晨風吹乾了昨晚的淚痕，當我想把心事寫下來，卻無法辦到，只能倚著斜欄，向遠方的你呼喚；想忘記往日美好的時光，難；想和你互通音信，傾訴心事，難；在世情薄，人情惡的境遇中生存，更是難。

今日不同往昔，咫尺天涯，我現在身染重病，就像鞦韆索一樣危急。夜風刺骨，徹體生寒，聽到遠方的號角聲，心中生起一陣寒意，夜盡了，我也像這夜一樣蕭瑟。怕人問起，我忍住淚水，在別人面前強顏歡笑，隱瞞我的病情，隱瞞思念你的憂傷，可是，能瞞得了多久？

【賞析】

唐琬是宋詞史上最常被人提起的多情才女之一。她與陸游喜結良緣，夫婦之間伉儷相得，琴瑟和諧。遺憾的是，陸游的母親對這位才華橫溢的兒媳看不上眼，硬是逼迫陸游休妻。陸游對母親的干預採行敷衍的態度，曾把唐琬置於別館，暗地相會。後來，陸母發現這個秘密，斷然採取措施，把這對有情人拆散。有情人未成終生眷屬，唐琬後來改嫁同郡宗人趙士程，內心仍對陸游

唐琬寫給陸游的〈釵頭鳳〉石碑

釵頭鳳
世情薄人情惡雨
送黃昏花易落曉
風乾淚痕殘欲箋
心事獨語斜闌難
難難
人成各今非昨病
魂常似秋千索角
聲寒夜闌珊怕人
尋問咽淚妝歡瞞
瞞瞞
唐琬

思念不已，在一次春遊中，恰巧與陸游相遇，唐琬徵得夫婿同意，派人給陸游送去酒餚，陸游感念舊情，悵恨不已，便在沈園寫下了著名的〈釵頭鳳‧紅酥手〉致意，不久，唐琬也寫下此詞相對應。

〔千秋歲〕數聲鶗鴂

張先

數聲鶗鴂，又報芳菲歇。惜春更選殘紅折。雨輕風色暴，梅子青時節。永豐柳，無人盡日花飛雪。

莫把么絃撥，怨極絃能說。天不老，情難絕，心似雙絲網，中有千千結。夜過也，東窗未白孤燈滅。

【作者】

張先（990～1078）字子野，烏程（今浙江湖州）人。天聖八年（1030）進士。歷任宿州掾、吳江知縣、嘉禾（今浙江嘉興）判官。皇祐二年（1050），晏殊知永興軍（今陝西西安），辟為通判。後以屯田員外郎知渝州，又知虢州。以嘗知安陸，故人稱張安陸。治平元年（1064）以尚書都官郎中致仕，元豐元年卒，年八十九。其詞內容大多反映士大夫的詩酒生活和男女之情，語言工巧，詞與柳永齊名，擅長小令，亦作慢詞。初以〈行香子〉有「心中事，眼中淚，意中人」之句，人稱為「張三中」。後又自舉平生得意之三詞：〈天仙子〉「雲破月來花弄影。」〈歸朝歡〉「嬌柔懶起，簾幕卷花影。」〈剪牡丹〉「柔柳搖搖，墜輕絮無影。」世稱「張三影」。著有《張子野詞》，存詞一百八十多首。

【注釋】

1. 鶗鴂：即杜鵑鳥。杜鵑，有二義：植物名，杜鵑花。鳥名，杜鵑鳥。鶗，音ㄊㄧˊ。鴂，音ㄐㄩㄝˊ。

2. 芳菲：芳香之花。

3. 永豐柳：唐時洛陽永豐坊西南角園中，有垂柳一株，柔條極茂，白居易因賦《楊柳枝詞》云：「一樹春風千萬枝，嫩于金色軟於絲。永豐西角荒園裡，盡日無人屬阿誰。」後傳入樂府，遍流京師。唐宣宗聞之，下詔取其兩枝植於禁苑中。後因以「永豐柳」泛指園柳。

4. 么弦：孤弦。指琵琶的第四弦，亦有借指琵琶。么，指細小、末小。

【譯文】

數聲鶗鴂鳥的悲嗟，預報芳草將要凋謝。為了憐惜春光，選擇幾枝殘紅採擷。細雨輕柔，唯有風色暴厲，摧殘梅花正是梅子青青時節。永豐綠柳，可嘆無人欣賞，整日柳絮飄花似飛雪。

不要彈撥琵琶，琵琶也會訴說極端哀怨。蒼天不會老，真情難訣絕，心像雙絲縷織成的網，其中有千千結。熬過漫漫春夜，東窗未見曙光，孤燈早已熄滅。

【賞析】

這首〈千秋歲〉寫的是悲歡離合之情，聲調激越，極盡曲折幽怨。詞以一名女子的心聲來抒寫情愛的幽怨情懷，和雙方忠貞不渝的信念，更寫出癡情女子惜春懷人之情，韻高情深，含蓄又發越，兼有婉約與豪放兩派的妙處。

上闋傷春，融情入景，處處顯得哀怨淒清，以「雨輕風色暴」一語雙關，道出愛情橫遭摧殘的幽怨情懷。芳春已過，愛侶不在身邊，白天在殘花叢中留連，夜晚守著孤燈獨坐，相思盼歸之情表現得淋漓盡致。下闋抒發男女戀情，堅貞深綿，「心似雙絲網，中有千千結。」詞由上闋寫惜春到下闋惜情，承轉自然，不留痕跡。猶如一曲深婉雋永的抒情樂章，詞中用雙絲網比喻愁心千結，十分恰當有味，把作者的文字情感推向高峰。結尾借景抒情，情思未了，使上下闋意脈相通，餘韻悠長，令人低徊不已。「中有千千結」為名句。瓊瑤小說名《心有千千結》取材於此。

〔天仙子〕水調數聲持酒聽

張先

水調數聲持酒聽，午醉醒來愁未醒。送春春去幾時回？臨晚鏡，傷流景，往事後期空記省。

沙上並禽池上暝，雲破月來花弄影。重重簾幕密遮燈，風不定，人初靜。明日落紅應滿徑。

【注釋】

1.水調：曲調名。相傳為隋煬帝所制，唐代甚為流行。

2.臨晚鏡：晚上對鏡自照。

3.流景：流逝的年華。景，日光。

4.記省：清楚地記得。

5.並禽：成雙成對的禽鳥。這裡指鴛鴦。

6.落紅：落花，飄落的花瓣。

【譯文】

〈水調〉歌曲一聲聲，不禁端起酒杯仔細傾聽，午間醉後醒來，愁悶未醒。送別春天，春天要去多少時日才能返回？夜裡照著明鏡，感傷流失了光景，舊日的事待到以後，只是徒勞的記省。

沙洲上並立一雙飛鳥，池塘呈現蒼暝，浮雲殘破，月兒探出頭來，花兒舞弄蔭影。重重疊疊的簾幕，密密的遮住青燈，隨風兒搖曳不定，人們正入夢鄉，萬籟寂靜，明日的落花一定會鋪滿路徑。

【賞析】

這首詞的上闋寫傷春之情。作者把酒聽水調歌，其聲韻悲切，意在消愁，結果酒醒愁未醒。可見作者傷春為表，傷己才是裡。春去尚有回歸日，大好青春一去無返機。「幾時回」實際是「傷己」之餘的自問。向晚臨鏡自照，青絲變白髮，怎能不生青春飛逝的悵惘？最終發出往事不堪回首，萬事皆空的慨嘆！

下闋描繪庭院池塘景色，並藉以烘托傷春傷己之情，前兩句寫所見，鳥兒成雙是愛情美滿的象徵，足見作者惜春戀春之情。「雲破月來花弄影」為千古傳誦名句，一個「弄」字寫活了月下之花，盡顯擬人妙處。而「影」字，則為詞中美學境界的焦點所在。春之將去，殘花尚且顧影自憐，對這片美好的大自然充滿眷戀。簾幕重重，燈影朦朧，人漸靜而風不定。其中的「風」字貫穿整個下闋的情愫。風起春寒，鳥兒才緊緊依偎；風散浮雲，月亮才得以重現。上情下景，渾然一體。

〔蝶戀花〕庭院深深深幾許

歐陽修

庭院深深深幾許？楊柳堆煙，簾幕無重數。玉勒雕鞍遊冶處，樓高不見章臺路。

雨橫風狂三月暮，門掩黃昏，無計留春住。淚眼問花花不語，亂紅飛過鞦韆去。

【作者】

歐陽修（1007～1072），字永叔，號醉翁、六一居士，吉州吉水（今屬江西）人，天聖進士。官館閣校勘，因直言論事貶知夷陵。慶歷中任諫官，支持范仲淹，要求在政治上有所改良，被誣貶知滁州。官至翰林學士、樞密副使、參知政事。王安石推行新法時，對青苗法有所批評。謚文忠。主張文章應明道、致用，對宋初以來靡麗、險怪的文風大表不滿，因而積極培養後進，是北宋古文運動的領袖。散文說理暢達，抒情委

歐陽修坐像

婉，為「唐宋八大家」之一；詩風與散文近似，語言流暢自然。詞文婉麗，承襲南唐餘風。曾與宋祁合修《新唐書》，並獨撰《新五代史》。平生喜歡收集金石文字，編為《集古錄》，對宋代金石學頗有影響。著有《歐陽文忠集》。

【注釋】

1. 蝶戀花：此詞原為唐教坊曲，調名取義簡文帝「翻階蛺蝶戀花情」句。又名〈鵲踏枝〉、〈鳳棲梧〉等。雙調，六十字，仄韻。李清照同調詞序指為歐陽修作，當無誤。
2. 幾許：多少。
3. 堆煙：形容楊柳濃密。
4. 玉勒：玉製的馬銜。
5. 雕鞍：精雕的馬鞍。
6. 遊冶處：指歌樓妓院。
7. 章台：漢長安街名。《漢書‧張敞傳》有「走馬章台街」語。唐許堯佐《章台柳傳》，記妓女柳氏事，後因以章台為歌妓聚居之地。
8. 亂紅：落花。

【譯文】

庭院十分深遠，到底深有幾許？楊柳被罩在霧煙中，像重重簾幕無法指數。豪門人家的車馬擠滿遊冶之處，樓高卻看不見章台去路。

雨勢凶猛，風刮得緊，正是三月春暮，擬用門栓關住黃昏，卻無法把春天留住。含著淚眼問春花，春花卻不答語，零亂的落花已經飄飛過鞦韆那邊去了。

【賞析】

這是深閨佳人的傷春詞。作者以含蘊優雅的筆法描寫幽居深院的少婦，傷春、懷人的複雜思緒和怨情。文字起頭不寫佳人先寫佳人居處，三迭「深」字，表達了佳人禁錮高門，內外隔絕，閨房寂落的景象，樹多霧濃、簾幕嚴密，愈見其深。章台路當指伊人遊冶處，凝望歡喜的人卻見不到人影，感嘆青春難留，不免黯淡蕭索。下闋描寫感慨花搖瓣落而有淚，含淚去問花，花落不語。傷花實則自傷，佳人與落花同一命運。是花是人？物我合一，情景交融，含蘊最為深沉。整首詞如泣如訴，凄婉動人，意境渾融，語言清麗，尤其最後兩句，為一絕唱。著名小說家瓊瑤的作品《庭院深深》即取名自歐陽修的這首詞句。

歐陽修庵

〔生查子〕去年元夜時

歐陽修

去年元夜時，花市燈如晝。月上柳梢頭，人約黃昏後。
今年元夜時，月與燈依舊。不見去年人，淚濕春衫袖。

【注釋】

1. 生查子：唐教坊曲名。調見《尊前集》。仄韻，雙調，四十字，上下闋各為一首仄韻五言絕句。單數句不是韻位，但末一字限用平聲，在雙數句用韻。始見韋應物詞。查，音ㄓㄚ。又名〈楚雲深〉、〈相和柳〉、〈晴色入青山〉、〈梅溪渡〉、〈陌上郎〉、〈遇仙楂〉、〈愁風月〉、〈綠羅裙〉等。
2. 元夜：農曆正月十五夜，即元宵節，也稱上元節。
3. 花市：繁華的街市。

【譯文】

去年元宵夜時，花市的燈火明亮如同白晝。佳人相約，在月上柳梢頭之時的黃昏之後。
今年元宵夜時，月光與燈火明亮依舊。卻見不到去年的佳人，相思之淚打濕了春衫的衣袖。

【賞析】

這是一首相思詞，寫去年元宵與情人相會的甜蜜滋味與今年同日不見情人的痛苦，詞意優美，饒富韻味。詞的上闋寫去年元夜情事，花市的燈火如白天一樣明亮，不僅是觀燈賞月的好時節，也是戀愛男女在燈火闌珊處相會的好時機。「月到柳梢頭，人約黃昏後。」二句言有盡而意無窮，柔情密意溢於言表。下闋寫今年元夜的情景，「月與燈依舊」，雖然只舉月與燈，實際包括另句的花與柳，鬧市佳節良宵與去年一模樣，景物依舊；下一句「不見去年人，淚濕春衫袖。」表意明顯，將物是人非，舊情難續的感傷表現得恰如其分。

〔采桑子〕群芳過後西湖好

歐陽修

群芳過後西湖好，狼籍殘紅，飛絮濛濛，垂柳欄干盡日風。
笙歌散盡遊人去，始覺春空，垂下簾櫳，雙燕歸來細雨中。

【注釋】

1. 群芳過後：百花凋謝。群芳，百花。
2. 西湖：指穎州（今安徽省阜陽市）西湖。
3. 狼籍：散亂的樣子。
4. 殘紅：落花。
5. 春空：春去後的空虛寂寞。
6. 笙歌：笙管伴奏的歌筵。
7. 簾櫳：帶紗之窗。櫳，音ㄌㄨㄥˊ。

【譯文】

百花盛開後的暮春，西湖風景依然美好，凋殘的落紅，任隨遊人踐踏得遍地狼籍，漫天飄飛的柳絮，迷迷濛濛，垂柳拂著欄杆，鎮日裡暖風融融。

喧鬧的笙歌散盡，遊人離去，忽然發覺西湖之春的空靜，心中感到失落，回到屋中，垂下窗簾，一雙燕子穿過細雨濛濛，翩翩回到巢穴。

【賞析】

這是作者晚年退隱穎州時，所寫的十首〈采桑子〉中的第四首，描繪作者寄情湖光山色的情懷，雖寫殘春景色，卻無傷春之感，以疏淡輕快的筆調，描摹穎州西湖的暮春景色，營造出清幽靜謐的想像境界。作者心境安閒自適，即在這種境域中自然地表現出來，情景交融，真切動人。詞中少有修飾，純用白描，耐人尋味。

落英繽紛、柳絮紛飛的暮春景色，常引人惋惜之情，歐陽修面對穎州西湖的暮春景色，別有會心地發出了讚嘆之聲。昔日湖上遊人不斷、笙歌相隨的盛況已不復見，作者由此頓悟春天已逝，「始覺春空」四字既表達了若有所失的空虛感，又呈現出一種繁華喧鬧落盡後的甦醒感。

歐陽修〈采桑子〉描寫的「群芳過後西湖好」

〔踏莎行〕候館梅殘

歐陽修

候館梅殘，溪橋柳細，草薰風暖搖征轡。離愁漸遠漸無窮，迢迢不斷如春水。
寸寸柔腸，盈盈粉淚，樓高莫近危闌倚。平蕪盡處是春山，行人更在春山外。

【注釋】

1. 候館：接待賓客的館舍。暗用南北朝陸凱的詩意：「折梅逢驛使，寄與隴頭人。江南無所有，聊贈一枝春。」驛路梅花正含有懷人之意。
2. 薰：香氣。草薰風暖：從江淹〈別賦〉：「閨中風暖，陌上草薰。」兩句而來。
3. 征：遠行。
4. 轡：馬韁，這裡指坐騎。轡，音ㄆㄟˋ。
5. 迢迢：形容路遙遠而綿長。
6. 盈盈：淚水滿眼的樣子。

7. 危欄：高樓的欄杆。
8. 平蕪：平坦的草地。
9. 行人：此指心上人。

【譯文】

館舍庭院裡的梅花已經凋殘，小溪旁的柳樹枝條迎風飛舞，微風吹拂著青草，搖動行人的馬上轡頭。離家的路程漸漸遙遠了，我的愁緒越來越濃，就像一路奔騰的春水一樣連綿不斷。

思念的人柔腸寸斷，千回百轉，任隨那明瑩的淚珠淌過上了妝的臉龐。畫樓太高，莫要憑倚高欄，那所見到的情景會令人傷感。眼前到處是春山，心上人卻在春山更遠的那一方。

歐陽修〈踏莎行〉描寫的「平蕪盡處是春山」

【賞析】

這是一首描寫離情的佳作。抒發遊子思鄉的同時，聯想到心上人相憶念的情景，同時寫出了兩地相思情意。上闋寫馬上征人，行者的離愁，以景為主，融情於景；下闋寫閨中思婦，行者的遙想別恨，以抒情為主，情寓景中，構成清麗纏綿的意境。從遊子和思婦兩個不同角度，深化離別主題，含蓄蘊藉地營造出「迢迢不斷如春水」的情思，情深意遠，是作者作品中深具代表性的一首。

〔玉樓春〕尊前擬把歸期說

歐陽修

尊前擬把歸期說，未語春容先慘咽。人生自是有情癡，此恨不關風與月。

離歌且莫翻新闋，一曲能教腸寸結。直須看盡洛城花，始共春風容易別。

【注釋】

1. 尊：酒杯。尊前，筵席上。
2. 春容：青春的容貌。
3. 慘噎：悲傷得說不出話來。
4. 情癡：執著於感情的人，多情人。
5. 恨：遺憾，不滿意。這裡的「恨」，不作仇恨解。
6. 風月：風和月亮，代指美景和外界環境。
7. 離歌：送別曲。
8. 翻新闋：譜寫演唱新曲。翻，譜寫。

9.腸寸結：極度悲傷。

10.直須：真應當。直，真。

11.洛城花：洛陽以花木繁盛聞名，有「洛陽花」之稱。這裡暗喻所愛的女人。

12.始共春風容易別：送別春光才不傷心。春風，這裡暗喻所愛的美人。

【譯文】

在筵席上打算將回去的時間說出，話未脫口，原來的春風滿面剎時淒慘嗚咽。人生在世一定會有意濃情癡時，這種離愁別恨與春風、明月無關。

離歌暫且不要再翻新的歌闋，只要聽一曲就能叫人傷心淒切到肝腸寸結。得要看完洛陽城盛開的百花，才能與春風告別。

【賞析】

作者在西京駐守推官屆滿，離開洛陽時，和親友話別，內心甚感淒涼。在離筵上打算說出歸期，卻又未語先咽，蘊含了多少不忍說出的惜別之情。別離之際雖不免「春容慘咽」，卻沒有沉溺於一己的離愁別緒；作者將離別一事推向整個人世的同理心，感悟到：離情別恨是人之常情，與風月無關。因此強調，離別的歌不要再翻新曲了，一曲已經夠令人痛斷肝腸。作者抒寫離愁別緒，有悲情、淒涼，更有豪情、氣慨，寄寓了個人對美好事物的愛戀與對人生無常的慨然。

〈虞美人〉少年聽雨歌樓上

蔣捷

少年聽雨歌樓上，紅燭昏羅帳。壯年聽雨客舟中，江闊雲低，斷雁叫西風。

而今聽雨僧廬下，鬢已星星也。悲歡離合總無情，一任階前，點滴到天明。

【作者】

蔣捷（生卒年不詳），字勝欲，號竹山，陽羨（今江蘇宜興）人，先世為宜興巨族，鹹淳十年（1274）進士。宋亡，深懷亡國之痛，隱居不仕，人稱「竹山先生」，其氣節為時人所重。長於詞，與周密、王沂孫、張炎並稱「宋末四大家」。其詞多抒發故國之思、山河之慟，風格多樣，大多以悲涼清俊、蕭寥疏爽為主，尤以造語奇巧之作，在詞壇獨幟一格，著有《竹山詞》一卷，收入毛晉《宋六十名家詞》本、《彊村叢書》本；又《竹山詞》二卷，收入涉園景宋元明詞續刊本。清代文學評論家劉熙載在他的著作《藝概》中說：「蔣竹山詞未極流動自然，然洗鍊縝密，語多創獲。其志視梅溪（史達祖）較貞，視夢窗（吳文英）較清。劉文房（劉長卿）為五言長城，竹山其亦長短句之長城歟！」蔣捷的詞作有：〈虞美人・聽雨〉、〈賀新郎・甚矣君狂〉、〈一翦梅・舟過吳江〉等，作品集有《竹山詞》、《小學詳斷》等傳世，存詞九十餘首。周鐵鎮竺山有蔣捷墓。

【注釋】

1. 虞美人：詞牌名。〈虞美人〉是著名詞牌之一。此調原為唐教坊曲，初詠項羽寵姬虞美人，因以為名。又名〈一江春水〉、〈玉壺水〉、〈巫山十二峰〉等。雙調，五十六字，上下闋各四句，皆為兩仄韻轉兩平韻。
2. 斷雁：失群的孤雁。
3. 星星：白髮點點如星，形容白髮很多。

【譯文】

年少時，在歌樓上聽雨，紅燭盞盞，昏暗的燈光下，羅帳輕盈；人到中年，在異國他鄉的小船上看濛濛細雨，茫茫江面，水天一線，西風中，一隻孤雁發出陣陣哀鳴。

而今，人到暮年，兩鬢已是白髮蒼蒼，獨自一人在僧廬下聽細雨點點，回想起人生悲歡離合的經歷，還是讓階前小雨下到天明吧！

【賞析】

蔣捷的這首詞，表現層次清楚，脈絡分明，內容包羅寬廣，感情蘊藏深奧。以他一生的遭遇為主線，分三小節敘述人生三個不同階段的生活心境，首先由少年歌樓聽雨說起：「聽雨歌樓上，紅蠋昏羅帳。」描述少年時光的浪蕩醉夢，縱情聲色玩樂。到了中年，客舟聽雨：「聽雨客舟中，江闊雲低，斷雁叫西風。」描述中年時追逐名利，在人海中奔波，如離群的孤雁，悲悵飄泊。最後寫到年老寄居僧廬、鬢髮星星：「聽雨僧廬下，鬢已星星也。」描述悲歡離合的歷盡，人事滄桑，年華已逝，鬢髮已白的淒涼寂寞。

以「聽雨」為主線，一以貫之，果然高明。結尾兩句更越過這一頂點，展現了新的感情境界。「一任」二字，表達出聽雨人的心情，這種心情，在冷漠和決絕的人世中透出深化的痛苦，可謂字字千鈞，總結感慨人一生面臨悲歡離合的無情，和往事如煙的無奈與悲悵。

蔣捷在〈虞美人〉所說「壯年聽雨客舟中」

〔念奴嬌〕赤壁懷古

蘇軾

大江東去，浪淘盡，千古風流人物。故壘西邊，人道是，三國周郎赤壁。亂石崩雲，驚濤裂岸，捲起千堆雪。江山如畫，一時多少豪傑。

遙想公瑾當年，小喬初嫁了，雄姿英發。羽扇綸巾，談笑間，強虜灰飛煙滅。故國神遊，多情應笑我，早生華髮。人生如夢，一樽還酹江月。

【作者】

蘇軾（1037~1101），字子瞻，號東坡居士，眉州眉山（今屬四川）人，蘇洵的兒子，嘉佑進士。神宗時曾任祠部員外郎，因反對王安石新法而求外職，任杭州通判，知密州、徐州、湖州。後以作詩「謗訕朝廷」罪貶黃州。哲宗時任翰林學士，曾出知杭州、穎州等，官至禮部尚書。後又貶謫惠州、儋州。北還後第二年病死常州。南宋時追謚文忠。與父蘇洵弟蘇轍，合稱「三蘇」。在政治上屬於舊黨，但也有改革弊政的要求。其文汪

洋恣肆，明白暢達，為「唐宋八大家」之一。其詩清新豪健，善用誇張比喻，在藝術表現方面獨具風格。少數詩篇也能反映民間疾苦，指責統治者奢侈驕縱。詞開豪放一派，對後代具影響力。〈念奴嬌・赤壁懷古〉、〈水調歌頭・丙辰中秋〉傳誦甚廣。擅長行書、楷書，取法李邕、徐浩、顏真卿、楊凝式，而能自創新意。用筆豐腴跌宕，有天真爛漫之趣。與蔡襄、黃庭堅、米芾並稱「宋四家」。能畫竹，學文同，也喜作枯木怪石。論畫主張「神似」，認為「論畫以形似，見與兒童鄰。」高度評價「詩中有畫，畫中有詩」的藝術造詣。詩文有《東坡七集》等。存世書跡有〈答謝民師論文帖〉、〈祭黃幾道文〉、〈前赤壁賦〉、〈黃州寒食詩帖〉等。畫跡有〈枯木怪石圖〉、〈竹石圖〉等。（儋，音ㄉㄢ。邕，音ㄩㄥ。芾，音ㄈㄨˊ。）

【注釋】

1. 風流：與眾不同的品格。
2. 故壘：舊的營地。
3. 周郎：三國時的周瑜。
4. 赤壁：在湖北省嘉魚縣，是周瑜和諸葛亮聯兵打敗曹操的地方；不過蘇軾所遊者為黃州城外的赤壁。

蘇東坡坐船過赤壁的畫像

5.公瑾：周瑜的字。
6.小喬：周瑜的妻子。
7.羽扇綸巾：手中輕搖著羽毛做的扇子，頭上戴著用絲帛做成的便帽，形容周瑜悠閒自在的樣子。綸，音ㄍㄨㄢ。
8.強虜：強大的敵人。
9.華髮：花白的頭髮。
10.酹：酹，音ㄌㄟˋ。把酒澆在地上祭祀叫做酹。

【譯文】

洶湧奔騰的長江水，不停地向東流去，悠遠的歷史中，不知已送走多少英雄人物。舊時軍營的西邊，傳說，就是三國時周瑜戰勝曹操的地方，赤壁磯。在那裡，陡峭的山崖，散亂地高高插入雲霄。洶湧的浪頭猛烈拍擊江岸，滔滔的江水，捲起萬千層白色浪花。在這地靈人傑的錦繡山河中，不知孕育過多少豪傑。

回想當年的周瑜，小喬初嫁給他時，英姿瀟灑，睿智不凡。赤壁之戰，他頭戴綸巾，從容地搖著羽扇，在一片談笑聲中，指揮水軍將曹營的萬艘軍艦燒成灰燼。神遊於昔日三國的古戰場，止不住感嘆自己竟是個多愁善感的人，一生中的光陰都蹉跎掉了，如今頭髮斑白了，回想人世間所有的事，如夢似幻。唉！還是對著這明媚的江月灑一杯酒，讓滿腹豪情與千古英靈分享。

【賞析】

這首詞是元豐五年（1082）七月蘇軾謫居黃州時作。上闋詠赤壁，下闋懷周瑜，最後以自身感慨作結。起筆高唱入雲，氣勢足與「黃河之水天上來」相侔，全文詞境壯闊，江山、歷史、人物一起湧出，以萬古心胸牽引出懷古思緒。然後藉「人道是」之言，把江邊故壘和周郎赤壁搭上線。「亂石崩雲」三句正面寫赤壁景色，驚心駭目。

詞中把眼前亂山大江寫得雄奇險峻，渲染出古戰場的氣氛和聲勢。蘇軾特別激賞周瑜少年功名，英氣勃勃。「小喬初嫁」看似閒筆，卻彰顯周瑜少年英俊，春風得意。寫到這裡，蘇軾的詞也愈加豪放不失風情，剛中有柔，與文首「風流人物」相呼應。「羽扇綸巾」三句寫周瑜的戰功，周瑜身為主將並未以兵戎相見著墨，卻是羽扇便服，談笑風生。作者並未渲染士馬金鼓的戰爭氣氛，只著筆於周瑜的從容瀟灑，指揮若定，這種寫法特別能突出蘇軾的文采風格。

寫作這首〈赤壁懷古〉時，蘇軾已四十七歲，自認功業未成，反是待罪黃州，跟三十左右就功成名就的周瑜相比，不禁深自感愧。壯麗江山，英雄功業，激起蘇軾爽邁奮進的感情，也加深他內心的苦悶和思維的矛盾。《東坡題跋》卷一記有李邦語：「周瑜二十四經略中原，今吾四十，但多睡善飯，賢愚相遠如此。」蘇軾對此頗為同感。故從懷古歸到心傷，自嘆「人間如夢」，舉杯與江上清風、山間明月一醉消愁。這首懷古詞兼有感奮和感傷兩重色彩，篇末感傷色彩掩蓋不了全詞的豪邁氣派。〈赤壁懷古〉描寫江山形勝和英雄偉業，在蘇軾之前從未成功出現過，歷來被看成蘇軾豪放詞的代表作。

〈水調歌頭〉丙辰中秋歡飲達旦作此篇兼懷子由

蘇軾

明月幾時有？把酒問青天。不知天上宮闕，今夕是何年？我欲乘風歸去，惟恐瓊樓玉宇，高處不勝寒。起舞弄清影，何似在人間。

轉朱閣，低綺戶，照無眠。不應有恨，何事偏向別時圓？人有悲歡離合，月有陰晴圓缺，此事古難全。但願人長久，千里共嬋娟。

【注釋】

1. 把酒問青天：李白〈把酒問天〉：「青天有月來幾時？我今停杯一問之。」
2. 今夕是何年：牛僧孺〈周秦行紀〉：「共道人間惆悵事，不知今夕是何年。」
3. 何事偏向別時圓：司馬光《溫公詩話》記石曼卿詩：「月如無恨月長圓。」
4. 嬋娟：月色美好。

【譯文】

人間從什麼時候開始有明月？我拿著酒杯問蔚藍的青天，今夜的月宮是何年？我想駕著風飛到天上去，只怕天上的瓊樓玉宇裡不勝嚴寒，如果天上比人間更為寒冷，那麼這一刻與形影共舞於月光下，又跟在天上有什麼分別呢？

月光轉過紅樓，映入美麗的窗戶，照著失眠的人。本來不應有怨恨的，可是無情明月，為什麼偏向離愁的人示意團圓？人有悲哀、歡樂、離別、聚合，月亮也有陰、晴、圓、缺，這些事自古以來就難以兩全，只希望人能長命平安，就算山隔水阻，千里迢迢，共賞一輪美好明月，我便滿足了。

【賞析】

這首詞的上闋四句接連問月問年，一如屈原的〈天問〉，起筆奇逸。蘇軾與謫仙李白一樣，設想前生是月中人，因而起「乘風歸去」之念。但天上和人間，幻想和現實，出世和入世，兩者同樣吸引他。相較下，人間雖有悲歡離合，他仍立足現實，熱戀人世，覺得人間生活，溫暖親切。月下起舞，光影清絕的境界勝過月地雲階、廣寒清虛的天上宮闕，雖在塵凡而胸次超曠，仍是一片光明。

下闋懷人記述。蘇軾認為，人間縱有悲歡離合，這跟月有陰晴圓缺一樣，兩者都是自然常理，無須傷感。最終以理遣情，從共同賞月中互致慰藉，人生不求長聚，兩心相照，明月與共，未嘗不是美好的境界。上闋執著人生，下闋善處人生，表現蘇軾熱愛生活、情懷曠達的一面。本詞行文瀟灑，一片神韻，不假雕琢，卷舒自如，莫怪數百年來，一直傳誦不衰。

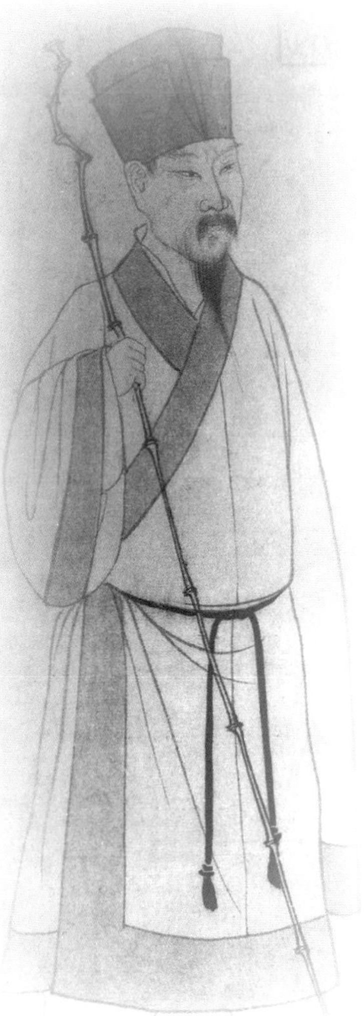

蘇軾畫像

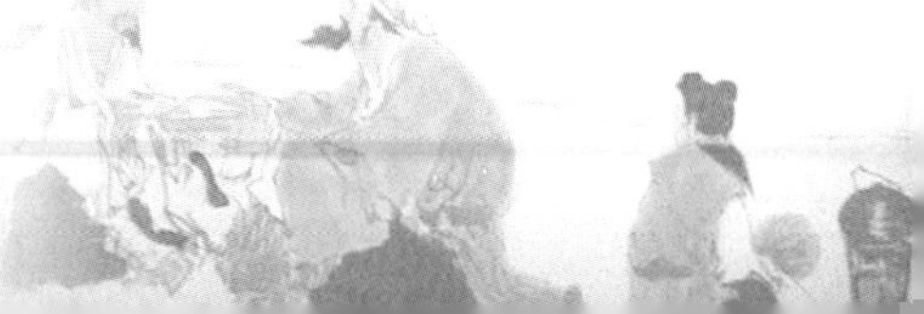

〔江城子〕乙卯正月二十日夜記夢

蘇軾

十年生死兩茫茫，不思量，自難忘。千里孤墳，無處話淒涼。縱使相逢應不識，塵滿面，鬢如霜。

夜來幽夢忽還鄉，小軒窗，正梳妝。相顧無言，惟有淚千行。料得年年腸斷處，明月夜，短松岡。

【注釋】

1. 茫茫：渺茫，不知音訊。
2. 思量：思念，念想。
3. 料得：料想。
4. 幽夢：夢境隱約，故云幽夢。
5. 乙卯：宋神宗熙寧八年（1075）。蘇軾的妻子王氏去世十年。
6. 千里孤墳：蘇軾之妻王氏埋葬於四川，當時蘇軾在密州，相隔幾千里。
7. 鬢如霜：兩鬢全白。言自己飽經滄桑，衰老得很快。

8. 小軒窗：小室的窗前。軒，只有窗檻的小室。
9. 短松崗：種植小松樹的山崗，指王氏墓地。

【譯文】

隔絕十年，兩個人一生一死，音訊渺茫，說要不思念，本來就難忘。妻子的孤墳遠在千里，沒法與她互談淒涼的景況。即使再相逢，料想也不會辨識出來，因為四處奔波，我已灰塵滿面，鬢髮如霜。

晚上時忽然在隱約的夢境中回到家鄉，只見妻子正在小窗前梳妝，兩人互相對望，沒有言語，只有淚千行。料想年年斷腸的地方，便是晚上明月照耀著生長小松樹的墳山。

【賞析】

此詞為作者於原配夫人王弗亡後十年的作品，題為記夢，但只有下闋五句寫夢境，其他都直抒蘇軾的沉痛心情。蘇軾起筆先寫妻子死後十年，彼此茫茫未知，哀思難訴的感受。並設想自己飽經風霜，外貌改變，縱使與亡妻相見也可能認不出自己來，這情愫為本詞平添滄桑之感。下闋寫夢中重遇亡妻，千言萬語，不知從何說起，加上相思太深，令二人「相顧無言，惟有淚千行」。從夢境回到人間，亡妻不可復見，作者也只能在妻子墳前，年年愁緒腸斷。

淒涼卻情真意切的文字，極富人情味。文學史上的悼亡詞，無人能超越蘇軾，全詞抒情、記

夢，特別是亡妻梳妝的日常小景，更顯往日恩愛之深，今日分別之苦。夢醒後，設想故鄉的墳崗上，松針搖曳，月影斑駁，倍增悽楚哀絕的氣氛。

蘇軾雕像

〔定風波〕三月七日沙湖道中遇雨，雨具先去，同行皆狼狽，余獨不覺。已而遂晴，故作此。

蘇軾

莫聽穿林打葉聲，何妨吟嘯且徐行，竹杖芒鞋輕勝馬，誰怕？一蓑煙雨任平生。

料峭春風吹酒醒，微冷，山頭斜照卻相迎，回首向來蕭瑟處，歸去，也無風雨也無晴。

【注釋】

1. 任平生：安度此生。
2. 料峭：形容風寒冷勁；蘇軾愛用此詞。
3. 沙湖：湖北黃岡縣東南三十里處，又名螺師店。
4. 狼狽：形容處境困窘、難堪。
5. 吟嘯：吟詩、長嘯。
6. 芒鞋：草鞋。

蘇軾雕像

7. 煙雨：煙波風雨。

8. 蕭瑟：風雨穿林打葉聲。

【譯文】

不要聽風穿樹林，樹葉帶來的風雨聲，我依然一邊吟詩長嘯，一邊緩步徐行，穿著草鞋，拄著竹杖，比騎馬坐車更加輕鬆。誰怕風風雨雨？我漠視這些，一生任憑煙雨迷濛，與我同行。冷冷的春風把我吹醒，感到有些寒冷，斜陽從山頭照射過來迎接我，回頭望去，來時淋雨的路上蕭索冷清，歸去時，一片平靜，沒有風雨，也沒晴。

【賞析】

這闋詞在詞牌〈定風波〉下，有個詞題：「三月七日沙湖道中遇雨，雨具先去，同行皆狼狽，余獨不覺。已而遂晴，故作此。」

「烏臺詩案」的確是蘇軾人生中的一場暴風疾雨，死裡逃生的他，遭貶黃州之後，心境漸趨平靜，這闋〈定風波〉就是當時的作品。全詞以風雨聲起頭，又以風雨結尾。作者所謂的風雨和晴朗，以及人生的滄桑和甘甜，原也不過是轉化相對的現象而已，到頭來，還不是全都復歸虛無。那麼，還需要計較執著些什麼呢？「回首向來蕭瑟處，歸去，也無風雨也無晴。」不僅為名句，意含人生意義更深。

〔卜算子〕黃州定惠院寓居作

蘇軾

缺月挂疏桐，漏斷人初靜。惟見幽人獨往來？飄渺孤鴻影。
驚起卻回頭，有恨無人省。揀盡寒枝不肯棲，寂寞沙洲冷。

【注釋】

1. 定惠院：湖北黃岡縣東南。
2. 漏：古代盛水滴漏計時之器。漏斷，漏壺水滴盡了，指時已深夜。
3. 幽人：幽居之從，蘇軾自謂。
4. 飄渺：即縹渺，隱約、緲遠的樣子。
5. 省：明白。

【譯文】

殘月高掛在稀疏的梧桐樹梢，滴漏聲斷了，人聲安靜，只能見到幽居的人獨自往來徘徊？還有那縹渺高飛的孤雁身影。

突然驚醒起，卻又匆匆回首，心裡有恨無人能懂，它揀遍寒冷的樹枝不肯棲息，一逕躲到寂寞的沙洲，忍受淒冷。

【賞析】

本詞寫於黃州定惠院寓所，正是作者剛從「烏臺詩案」解困出來，隻身到黃州時所寫。開頭兩句書寫夜深，用缺、疏、斷幾個字寫出幽獨淒清的心境。下闋則把兩者合而為一，「孤鴻」寫的是作者自己。有一說是蘇軾被貶惠州，惠州有個溫氏女子，年十六，頗具姿色，見了蘇軾，一往情深，時常在蘇軾的窗外徘徊，聽蘇軾吟詠。不久蘇軾再貶儋耳（今海南儋縣），渡海南行，三年後，蘇軾回惠州，女已卒，葬於沙洲。蘇軾知道後十分傷感，因作此詞，後來即被衍生成一則愛情故事。近人多認為是好事者附會之詞，不足採信。（儋，音ㄉㄢ。）

實則，〈卜算子〉是作者抒寫從政失意而寂寞孤獨的情愫。上闋以幽人引出孤鴻，下闋以孤鴻暗喻幽人，驚魂甫定，顧影自憐，不肯獨棲寒枝的孤鴻形象，正是作者的自我寫照。誰見幽人獨往來，縹緲孤鴻影。最後兩句寫下寧願安守寂寞清冷也不肯攀結高貴的品格，詠物而不滯於物，主體與客體渾然一體，寄託遙深，文字品味高超。

蘇軾雕像

〔蝶戀花〕春景

蘇軾

花褪殘紅青杏小。燕子飛時，綠水人家繞。枝上柳綿吹又少，天涯何處無芳草。

牆裡鞦韆牆外道。牆外行人，牆裡佳人笑。笑漸不聞聲漸悄，多情卻被無情惱。

【注釋】

1.蝶戀花：宋哲宗紹聖三年（1096），蘇軾作於惠州貶所，甚或更早。

2.柳棉：柳絮。

3.悄：消失。

4.多情：指牆外行人。

5.無情：指牆裡佳人。

【譯文】

春日將盡，百花凋零，杏樹上已經長出青澀的果實，燕子飛過天空，清澈的河流圍繞著村落人家。柳枝上的柳絮已被吹得越來越少，但是不用擔心，天涯到處都長滿茂盛的芳草。

圍牆裡面，有位少女正在盪鞦韆，還一邊發出動聽的笑聲。圍牆外的行人聽到笑聲，忍不住想像少女歡樂的畫面。不久，牆裡的笑聲慢慢聽不見，行人悵然若失，彷彿自己的多情反被少女的無情傷害了。

【賞析】

這是一首感嘆春光流逝、佳人難見的詞作，作者的失意情懷和曠達的人生態度，於此隱隱透出。上闋描寫春光將盡，傷春中隱含思鄉情懷。雖是寫景，仍蘊含思理。「燕子」二句，既交代地點，也描繪出這戶人家所處環境，空中輕燕斜飛，舍外綠水環繞，何等幽靜安詳。「天涯何處無芳草」，表面似乎只說天涯到處都長滿茂盛的芳草，春色無邊，實則述說只要隨遇而安，哪裡不可以安家？

下闋抒寫只聞其聲而不見佳人的懊惱和惆悵。作者運用白描手法，敘寫行人在人家牆外的小路徘徊張望，眼下只能看到露出牆頭的鞦韆架，牆裡則傳來女子盪鞦韆的陣陣歡笑聲。作者至此才點明自己即是那個行人的身分，確有「人生如逆旅，我亦是行人。」的含意在內。「人世多錯迕」，作者一生忠國被疑，直諒受謗，落得個遠謫嶺南的下場，不也正是「多情卻被無情惱」嗎？作者嘲笑多情的自己，也嘲笑那些加諸在自己身上的不公命運，以及嘲笑悲劇人生。

【第三部】

源自宋詞與宋文的成語

言有盡而意無窮者，天下之至言也。——蘇軾

漢字成語數量繁多，包羅萬象。常用的漢字成語約莫四千句左右，其中四字成語佔96%，其餘為兩個字到十四個字的。

根據統計，出自《詩經》的成語有一百七十七句，出自《論語》的成語有一百七十三句，出自《孟子》的成語有一百三十六句，出自《春秋三傳》的成語有兩百五十五句，出自《莊子》的成語有一百六十一句，出自《史記》的成語有兩百六十五句，出自《漢書》的成語有一百五十八句，出自《唐詩》的成語有三百一十句，出自《宋詞》的成語有一百四十句。這裡，列出一百二十句源自宋詞、宋詩與宋文，常見的成語及其源典。

一代文豪：歐陽修的〈歸田錄〉：頃刻之際，成數千言，真一代之文豪也。

一目十行：劉克莊的〈雜記六言五首〉：五更三點待漏，一目十行讀書。

一刻千金：蘇軾的〈春夜詩〉：春宵一刻值千金，花有清香月有陰。

一笑置之：楊萬里的〈觀水嘆詩〉：出處未可必，一笑姑置之。

一望無際：秦觀的〈蝶戀花〉：舟泊潯陽城下住；杳靄昏鴉；點點雲邊樹。九派江分從此去；煙濃一望空無際。

一場春夢：張泌的〈寄人詩〉：倚柱尋思倍惆悵，一場春夢不分明。

一無是處：歐陽修的〈與王懿敏公〉：事與心違，無一是處，未知何日始得釋然。

一絲不掛：蘇軾的〈贈虔州慈雲寺鑒老〉：遍界難藏真薄相，一絲不掛且逢場。

一塵不染：張耒的〈臘月小雪後圃梅開〉：若菩薩在乾土山中經行，土不著足，隨嵐風來，吹破土山，令散為塵，乃至一塵不著佛身。

一盤散沙：范成大的〈石湖詩鈔・親鄰召集強往便歸〉：樂天見老欲謀歡，大似蒸沙不做團。

人云亦云：蘇軾的〈次韻定慧欽長老見寄八手〉：我醉君過去，陶云吾亦云。

三言兩語：吳潛的〈望江南・家山好〉：六字五胡生口面，三言兩語費顏情。

千里鵝毛：歐陽修的〈梅聖俞寄銀杏〉：鵝毛贈千里，所重以其人。

千愁萬緒：柳永的〈婦女冠子〉：好天良夜，無端惹起，千愁萬緒。

大材小用：陸游的〈送辛幼安殿撰造朝〉：大材小用古所嘆；管仲、蕭何實流亞。

大智若愚：蘇軾的〈賀歐陽修致仕啟〉：大勇若怯；大智如愚。

小巧玲瓏：辛棄疾的〈臨江仙・戲為山園壁解嘲〉：莫笑吾家巷壁小，稜層勢欲摩空。相知唯有主人翁，有心雄泰華，無意巧玲瓏。

山明水秀：黃庭堅的〈驀山溪〉：眉黛斂秋波，儘湖南、山明水秀。

山河帶礪：柳永的〈千秋歲〉：福無艾，山河帶礪人難老。

山窮水盡：陸游的〈遊山西村〉：山窮水盡疑無路，柳暗花明又一村。

不了了之：葉夢得的〈避暑錄語卷上〉：唐人言冬烘是不了了之語。

中流砥柱：朱熹的〈與陳侍郎書〉：而二公在朝，天下望之，屹立若中流之底柱，有所恃而不恐。

今昔之感：姜夔的〈揚州慢〉：予懷愴然，感慨今昔。

元龍豪氣：張元幹的〈水調歌頭・追和〉：元龍湖海豪氣，百尺臥高樓。

六六大順：柳永的〈巫山一段雲〉：六六真游洞，三三物外天。

天上星河：李清照的〈南歌子〉：天上星河轉，人間簾幕垂。

天涯海角：晏殊的〈踏沙行〉：無窮無盡是離愁，天涯海角尋思遍。

心有靈犀：李商隱的〈無題〉：身無彩鳳雙飛翼，心有靈犀一點通。

心癢難搔—技癢難熬：馬永卿的〈嬾真子〉：技癢者，謂人懷其技藝，不能自忍，如身之癢也。

文期酒會：柳永的〈玉蝴蝶〉：難忘，文期酒會，兒孤風月，屢變星霜。

水平如鏡：楊萬里的〈泊光口〉：風平浪靜不生紋，水面渾如鏡面新。

水光雲影：程顥的〈遊月陂〉：水心雲影閒相照，林下泉聲靜自來。（陂，音ㄆㄧˊ。）

水遠山遙：晏殊的〈無題〉：魚書欲寄何由達？水遠山遙處處同。

牙牙學語：金・元好問的〈贈德華小女〉：牙牙嬌語總堪誇，學念新詩似小茶。

牛刀小試：蘇軾的〈送歐陽主簿赴官韋城〉：讀遍牙籤三萬軸，欲來小邑試牛刀。

乍暖還寒：李清照的〈聲聲慢〉：尋尋覓覓，冷冷清清，悽悽慘慘戚戚。乍暖還寒時候，最難將息。

以攻為守：陳亮的〈酌古論・先主篇〉：以攻為守，以守為攻，此兵之變也。

巧婦難為無米之炊：陸游的〈老學庵笈記〉：巧婦安能作無麵湯餅乎？

市井無賴：胡銓的〈上高宗封事〉：王倫本一狎邪小人，市井無賴。

平分秋色：李朴的〈中秋〉：平分秋色一輪滿，長伴雲衢千里明。（衢，音ㄑㄩˊ。）

民胞物與：張載的〈西銘〉：民吾同胞，物吾與也。

民脂民膏：宋太宗的〈戒石銘〉：爾俸爾祿，民脂民膏，下民易虐，上天難欺。

永結同心：柳永的〈八六子〉：如花貌。當來便約，永結同心偕老。

光彩奪目：張君房的〈雲笈七籤〉卷一百十三：乃令左右引於宮內遊觀，玉台翠樹，光彩奪目。

冰肌玉骨：孟昶的〈玉樓春〉：冰肌玉骨清無汗，水殿風來暗滿香。

同床異夢：陳亮的〈與朱元晦書〉：同床各做夢，周公且不能學得，何必一一諭到孔明哉？

名花有主：歐陽修的〈漁家傲〉：牆外有樓花有主，尋花去，隔牆遙見鞦韆侶。

名落孫山：范公偁的〈過庭錄〉：解名盡處是孫山，賢郎更在孫山外。（偁，音ㄔㄥ。）

名韁利鎖：柳永的〈夏雲峰〉：滿酌高吟，向此免名韁利鎖，虛費光陰。

好事多磨：晁端禮的〈安公子・漸漸東風暖〉：是即是，從來好事多磨難。就中我與你纔相見。

安分守己：蘇軾的〈林子中以詩寄追和其韻詩〉：胡不安其分，但聽物所誘？

帆風飽滿：陸游的〈入蜀記〉：帆風飽滿，有一瞬千里之勢。

江雲燕樹：晁補之的〈梁州令疊韻〉：江雲渭樹俱遠，憑闌送目空腸斷。

百卉錦簇：歐陽修的〈采桑子〉：百卉爭妍，蝶亂蜂喧。

百讀不厭：蘇軾的〈送安惇秀才失解西歸〉：舊書不厭百回讀，熟讀深思子自知。（惇，音ㄉㄨㄣ。）

竹籬茅舍：王淇的〈梅〉：不受塵埃半點侵，竹籬茅舍自甘心。

老氣橫秋：黃庭堅的〈次韻德孺惠貺秋字之句〉：老來忠義氣橫秋。

老態龍鍾：陸游的〈聽雨詩〉：老態龍鍾疾未平，更堪俗事敗幽情。

似曾相識：晏殊的〈浣溪沙〉：無可奈何花落去，似曾相識燕歸來。

作繭自縛：陸游的〈書嘆〉：人生如春蠶，作繭自纏裹。

冷冷清清：李清照的〈聲聲慢〉：尋尋覓覓、冷冷清清、悽悽慘慘戚戚。

利欲薰心：黃庭堅的〈贈別李次翁詩〉：利欲薰心，隨人翕張。（翕，音ㄏㄜˊ。）

囫圇吞棗：圓悟禪師的〈碧岩錄〉卷三：若是知有底人，細嚼來咽；若是不知有底人，一似渾侖吞個棗。

妙手回春：蘇軾的〈浪淘沙・昨日出東城〉：檻內群芳芽未吐，早已回春。

弄假成真：邵雍的〈弄筆吟〉：弄假像真終是假，將勤補拙總輸勤。

志同道合：陳亮的〈與呂伯恭正字書〉：志同道合，便能引其類。

快馬加鞭：道原的〈景德傳燈錄〉：快馬一鞭，快人一語。

身敗名裂：辛棄疾的〈賀新郎・綠樹聽鵜鴂〉：將軍百戰身名裂，向河梁，回頭萬里，故人長絕。（鵜，音ㄊㄧˊ。鴂，ㄐㄩㄝˊ。）

車水馬龍：李煜的〈望江南〉：還似舊時游上苑，車如流水馬似龍。

依然故我：陳著的〈賀新郎・北馬飛江過〉：誰料腥埃妨闊步，孤瘦依然故我。

明日黃花：蘇軾的〈九日次韻王鞏〉：相逢不用忙歸去，明日黃花蝶也愁。

物是人非：李清照的〈武陵春〉：物是人非事事休，欲語淚先流。

金碧輝煌：羅大經的〈鶴林玉露〉補遺：眾以為金碧熒煌，臣以為塗膏釁血。（熒，音ㄧㄥˊ。釁，音ㄒㄧㄣˋ。）

雨後春筍：張耒的〈食筍〉：荒林春雨足，新筍迸龍雛。（迸，音ㄅㄥˋ。）

春花秋月：李煜的〈虞美人〉：春花秋月何時了，往事知多少。

春宵一刻：蘇軾的〈春夜〉：春宵一刻值千金，花有清香月有陰。

春夢無痕：蘇軾的〈與潘郭二生出郊尋春〉：人似秋鴻來有信，事如春夢了無痕。

柔情似水：秦觀的〈鵲橋仙〉：柔情似水，佳期如夢，忍顧鵲橋歸路。

柳暗花明：陸游的〈遊山西村〉：山窮水盡疑無路，柳暗花明又一村。

紅杏出牆：葉紹翁的〈遊園不值〉：春色滿園關不住，一枝紅杏出牆來。

浪萍風梗：柳永的〈彩雲歸〉：此際浪萍風梗，度歲茫茫。

海誓山盟：柳永的〈洞仙歌〉：夜永歡餘，共有海約山盟，記得翠雲偷翦。

破天荒：孫光憲的〈北夢瑣言〉第四卷：唐荊州衣冠藪澤，每歲解送舉人，多不成名，號曰天荒解。劉蛻舍人以荊解及第，號為「破天荒」。（藪，音ㄙㄡˇ。）

紛至遝來：朱熹的〈答何叔京〉六：夫其心儼然肅然，常若有所事，則雖事物紛至而遝來，豈足以亂吾之知思。（遝，音ㄊㄚˋ。）

宋代學者朱熹園

高風亮節：胡仔的〈苕溪漁隱從話後集〉卷一：余謂淵明高風峻節，固已無愧於四皓，然猶仰慕之，尤見其好賢尚友之情也。

敝帚自珍：陸游的〈秋思〉：遺簪見取終安用，敝帚雖微亦自珍。（帚，音ㄓㄡˇ。）

曼衍魚龍：柳永的〈破陣子〉：繞金堤，曼衍魚龍戲，簇妖春羅綺，喧天絲管。

淡妝濃抹：蘇軾的〈飲湖上初晴後雨〉：欲把西湖比西子，淡妝濃抹總相宜。

淺斟低唱：柳永的〈鶴沖天〉：忍把浮名，換了淺斟低唱。

粗茶淡飯：楊萬里的〈得小兒壽俊家書〉：經須父子早歸田，粗茶淡飯終殘年。

陰晴圓缺：蘇軾的〈水調歌頭〉：人有悲歡離合，月有陰晴圓缺，此事古難全。

雪中送炭：范成大的〈大雪送炭與芥隱〉：不是雪中須送炭，聊裝風景要詩來。

雪泥鴻爪：蘇軾的〈和子由澠池懷舊〉：人生到處知何似？應似飛鴻踏雪泥。泥上偶然留指爪；鴻飛那復計東西。

壺漿盈路：柳永的〈臨江行〉：壺漿盈路，歡動一城春。

喜出望外：蘇軾的〈與李之儀書〉：契闊八年，豈謂復有見日？漸近中原，辱書尤數，喜出望外。

尋尋覓覓：李清照的〈聲聲慢〉：尋尋覓覓，冷冷清清，悽悽慘慘戚戚。

悲歡離合：蘇軾的〈水調歌頭〉：人有悲歡離合，月有陰晴陽缺，此事古難全。

晴天霹靂：陸游的〈四日夜雞未鳴起作〉：放翁病過秋，忽起作醉墨。正如久蟄龍，青天飛霹靂。

曾幾何時：趙彥端的〈介庵詞•新荷葉〉：回首分攜；光風冉冉菲菲。曾幾何時；故山疑夢還非。

朝雲暮雨：柳永的〈迷仙引〉：永棄卻，煙花伴侶，免教人見妾，朝雲暮雨。

無可奈何：晏殊的〈浣溪沙〉：無可奈何花落去，似曾相識燕歸來。

無病呻吟：辛棄疾的〈臨江仙•老去渾身無著處〉：百年光景百年心，更歡須嘆息，無病也呻吟。

無窮無盡：晏殊的〈踏莎行〉：無窮無盡是離愁，天涯地角尋思遍。

傾城傾國：柳永的〈柳腰輕〉：算何止，傾國傾城，暫回眸，萬人腸斷。

新愁舊恨：柳永的〈內家妖〉：奈少年，自有新愁舊恨，消遣無計。

煞風景：樓鑰的〈次韻沈使君懷浮岡梅花〉：毋庸高牙煞風景，為著佳句增孤妍。同「殺風景」。

萬紫千紅：朱熹的〈春日〉：等閒識得東風面，萬紫千紅總是春。

詩情畫意：周密的〈清平樂・橫玉亭秋倚〉：詩情畫意，只在欄杆外，雨露天低生爽氣，一片吳山越水。

慘綠愁紅：柳永的〈定風波〉：撲面春來，慘綠愁紅，芳心事事可歌。

滿園春色：葉紹翁的〈遊小園不值〉：春色滿園關不住，一枝紅杏出牆來。

蒼翠欲滴：郭熙的〈山川訓〉：春山澹冶而如笑，夏山蒼翠而欲滴，秋山明淨而如妝，冬山慘澹而如睡。

窮極無聊：費昶的〈思公子〉：虞卿亦何命，窮極若無聊。

談笑風生：辛棄疾的〈念奴嬌・妙齡秀發〉：遐想後日蛾眉，兩山橫黛，談笑風生頰。

雕欄玉砌：李煜的〈虞美人〉：雕欄玉砌應猶在，只是朱顏改，問君能有幾多愁，恰似一江春水向東流。

餐風露宿：蘇軾的〈將至筠先寄遲適遠三猶子〉：露宿風餐六百里。

瞬息萬變：胡宏的〈題上封寺〉：風雲萬變一瞬息；紅塵奔走真徒勞。

薰風解慍：柳永的〈永遇樂〉：薰風解慍，晝景清和，新雯時候。

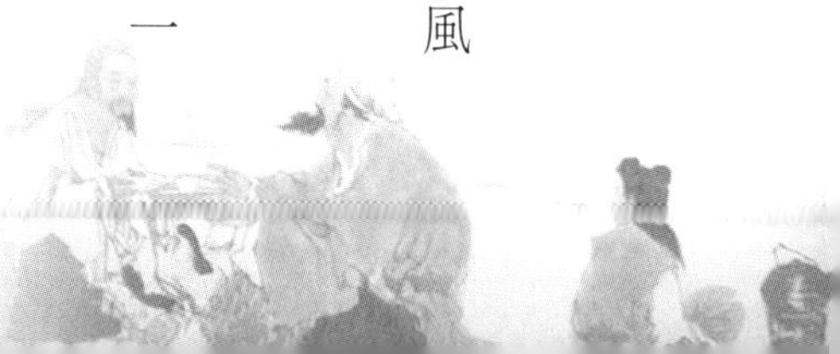

盧山真面：蘇軾的〈題西林壁〉：橫看成嶺側成峰，遠近高低各不同。不識盧山真面目，只緣身在此山中。

蠅頭小利：蘇軾的〈滿庭芳〉：蝸角虛名，蠅頭微利。

黯然銷魂：柳永的〈傾懷〉：共黯然銷魂，重攜纖手，話別臨行，猶自再三問道君須去。

攬轡澄清：柳永的〈一寸金〉：仗漢節，攬轡澄清，高掩武侯勳業，文翁風化。

寫出〈正氣歌〉的文天祥紀念館

【第四部】中學生必讀的宋詞三百名句

立身以立學為先，立學以讀書為本。——歐陽修

宋詞是繼唐詩之後的另一種文學體裁，分為：婉約和豪放兩大類別。

詞都有詞牌。例如：滿江紅、西江月等；所謂詞牌，就是詞的格式名稱，清代萬樹的《詞規》中共收有一千一百八十多個，實際的詞牌比這個數字還要多。

詞牌的來歷，大致有三種說法：

一、詞牌本來是樂曲名稱。詞的前身是配曲的歌，如〈菩薩蠻〉，相傳是唐代宣宗時，女蠻國進貢，這些女子高髻金冠，一身瓔珞（身上佩帶的珠寶），形如菩薩，於是，時人有作〈菩薩蠻〉一曲詠之，以後就成為詞牌。西江月、沁園春等也是如此。

二、取詞中的幾個字做為詞牌名。如〈憶江南〉，即因白居易的「江南好……能不憶江南」而來。而〈念奴嬌〉又名〈大江東去〉，即因蘇東坡的〈大江東去〉詞句而來。

三、原來是詞的題目。如〈漁歌子〉是詠漁家生活的，〈浪淘沙〉是詠江河的，〈更漏子〉是詠夜的。凡是詞牌下註明「本意」，那詞牌也就是題目了。

柳永詞中所敘寫的江南

‧詞牌名的來歷

漁歌子：又名〈漁父〉。唐教坊曲名，詞調由張志和創製。

瀟湘神：又名〈瀟湘曲〉。唐代瀟湘一帶用來祭祀湘妃的神曲。

相思：調名取自南朝樂府「上言長相思，下言久離別」，原唐教坊曲名。

望江南：本名〈謝秋娘〉，李德裕為亡妓謝秋娘而作，因白居易詞中有「能不憶江南」，後改名〈憶江南〉，又名〈夢江南〉、〈望江南〉、〈江南好〉等。

謁金門：原唐教坊曲名，敦煌曲詞有「得謁金門朝帝廷」句，疑為此詞調的本意。

蒼梧謠：通稱〈十六字令〉。

如夢令：後唐莊宗李存勖創製，因詞中有「如夢，如夢」而定名。

青玉案：調名出自漢張衡〈四愁詩〉：「美人贈我錦繡段，何以報之青玉案。」

八聲甘州：依唐朝邊塞曲〈甘州〉改制而成，因上下闋八韻，故名八聲。

念奴嬌：念奴，唐天寶年間著名歌妓，曲名本此。

天仙子：原唐教坊曲名，本名〈萬斯年〉，因皇甫松詞有〈懊惱天仙應有以〉句而改名。

水調歌頭：唐大曲有〈水調歌〉，是隋煬帝開鑿汴河時所作，此調是截取其開頭一段另製的新曲。

菩薩蠻：原教坊曲名，又名〈子夜歌〉、〈巫山一片雲〉等。據稱，唐宣宗時，女蠻國入貢，其人高髻金冠，瓔珞被體，故稱菩薩蠻隊，樂工因作〈菩薩蠻曲〉。

釵頭鳳：取無名氏〈擷芳詞〉：「可憐孤似釵頭鳳」為調名。

西江月：調名取自李白〈蘇台覽古〉：「只今唯有西江月，曾照吳王宮裡人。」

臨江仙：原唐教坊曲名，最初是詠湘靈的。

南歌子：原唐教坊曲名，取自張衡〈南都賦〉：「坐南歌兮起鄭舞」。

一翦梅：因周邦彥詞「一翦梅花萬樣嬌」而定名。

水龍吟：調名取自李白詩句「笛奏水龍吟」。

沁園春：沁園本為漢代沁水公主園林，唐詩人用以代稱公主園。

蝶戀花：原唐教坊曲名，取自梁簡文帝詩句「翻階峽蝶戀花情」，又名〈鵲踏枝〉、〈鳳棲梧〉。

破陣子：原唐教坊曲名，又名〈十拍子〉，出自唐初秦王李世民所製大型武舞曲〈秦王破陣樂〉。

・各家宋詞名句

毛滂：惜分飛・今夜山深處，斷魂分付潮回去。

王安石：桂枝香・千里澄江似練，翠峰如簇。

王安石：桂枝香・六朝舊事如流水，但寒煙衰草凝綠。

王沂孫：長亭怨・慢天涯夢短，想忘了，綺疏雕檻。
王沂孫：長亭怨・慢水遠，怎知流水外，卻是亂山尤遠。
王沂孫：高陽臺・更消他，幾度東風，幾度飛花。
王沂孫：媚嫵・新月千古盈虧休問，嘆慢磨玉斧，難補金鏡。
王沂孫：齊天樂・病翼驚秋，枯形閱世，消得斜陽幾度？
王沂孫：齊天樂・乍咽涼柯，還移暗葉，重把離愁深訴。
王沂孫：齊天樂・一襟餘恨宮魂斷，年年翠陰庭樹。
史達祖：三姝媚・又入銅駝，遍舊家門巷，首詢聲價。
史達祖：秋霽・江水蒼蒼，望倦柳愁荷，共感秋色。
史達祖：綺羅香・臨斷岸，新綠生時，是落紅，帶愁流處。
史達祖：雙雙燕・紅樓歸晚，看足柳暗花螟。
朱嗣發：摸魚兒・一時左計，悔不早荊釵，暮天修竹，頭白倚寒翠。
吳文英：八聲甘州・連呼酒，上琴台去，秋與雲平。
吳文英：夜合花・十年一夢淒涼，似西湖燕去，吳館巢荒。
吳文英：風入松・樓前綠暗分攜路，一絲柳，一寸柔情。
吳文英：唐多令・年事夢中休，花空煙水流。燕辭歸，客尚淹留。
吳文英：唐多令・何處合成愁？離人心上秋，縱芭蕉，不雨也颼颼。

吳文英：祝英台・近自憐兩鬢清霜，一年寒食，又身在，雲山深處。

吳文英：祝英台・近可憐千點吳霜，寒消不盡，又相對，落梅如雨。

吳文英：祝英台・近歸夢湖邊，還迷鏡中路。

吳文英：高陽臺・山色誰題？樓前有雁斜書。

吳文英：高陽臺・飛紅若到西湖底，攪翠瀾，總是愁魚。

吳文英：賀新郎・後不如今今非昔，兩無言，相對論浪水。

吳文英：賀新郎・華表月明歸夜鶴，歎當時，花竹今如此，枝上露，濺清淚。

吳文英：瑞鶴仙・又爭知，吟骨縈消，漸把舊衫重剪。

吳文英：齊天樂・但有江花，共臨秋鏡照憔悴。

吳文英：踏莎行・隔江人在雨聲中，晚風菰葉生秋怨。

吳文英：霜葉飛・早白髮，緣愁萬縷，驚飆從卷烏紗去。

吳文英：鶯啼序・十載西湖，傍柳繫馬，趁嬌塵軟霧。

吳文英：鷓鴣天・吳鴻好為傳歸信，楊柳閶門屋數間。

宋祁：木蘭花・為君持酒勸斜陽，且向花間留晚照。

宋祁：木蘭花・綠楊煙外曉雲輕，紅杏枝頭春意鬧。

李煜：相見歡・剪不斷，理還亂，是離愁。別是一番滋味在心頭。

李煜：虞美人・問君能有幾多愁？恰似一江春水向東流。

李之儀：卜運算元・我住長江頭，君住長江尾；日日思君不見君，共飲長江水。

李之儀：卜運算元・此水幾時休？此恨何時已？只願君心似我心，定不負，相思意。

李清照：永遇樂・如今憔悴，風鬟霧鬢，怕見夜間出去。不如向，簾兒底下，聽人笑語。

李清照：如夢令・知否，知否？應是綠肥紅瘦。

李清照：鳳凰臺上憶吹簫・惟有樓前流水，應念我，終日凝眸。凝眸處，從今又添，一段新愁。

李清照：醉花陰・東籬把酒黃昏後，有暗香盈袖。

李清照：醉花陰・莫道不消魂？簾卷西風，人比黃花瘦。

李清照：聲聲慢・乍暖還寒時候，最難將息。

李清照：聲聲慢・守著窗兒，獨自怎生得黑？

李清照：聲聲慢・梧桐更兼細雨，到黃昏，點點滴滴。者次第，怎一個，愁字了得。

李清照：聲聲慢・尋尋覓覓，冷冷清清，淒淒慘慘戚戚。

李清照：聲聲慢・雁過也，最傷心，卻是舊時相識。

李清照：聲聲慢・三杯兩盞淡酒，怎敵他，晚來風急。

李童元：憶王孫・欲黃昏，雨打梨花深閉門。

辛棄疾：木蘭花・老來情味減，對別酒，怯流年。

辛棄疾：木蘭花・況屈指中秋，十分好月，不照人圓。

周密：高陽臺・最關情，折盡梅花，難寄相思。

周密：高陽臺・東風漸綠西湖岸，雁已還，人來南歸。

周密：瑤華・杜郎老矣，想舊事，花須能說。記少年，一夢揚州，二十四橋明月。

周邦彥：六醜・亂點桃溪，輕翻柳陌。多情為誰追惜？

周邦彥：六醜・恐斷紅，尚有相思字，何由見得？

周邦彥：西河・燕子不知何世，向尋常，巷陌人家，相對如說興亡，斜陽裡。

周邦彥：西河・山圍故國繞清江，髻鬟對起。怒濤寂寞打孤城，風檣遙度天際。

周邦彥：夜飛鵲・花驄會意，縱揚鞭，亦自行遲。

周邦彥：夜遊宮・不戀單衾再三起，有誰知，為蕭娘，書一紙？

周邦彥：花犯・但夢想，一枝瀟灑，黃昏斜照水。

周邦彥：花犯・粉牆低，梅花照眼，依然舊風味。

周邦彥：拜星月・笑相遇，似覺瓊枝玉樹相倚，暖日明霞光爛。

周邦彥：風流子・最苦夢魂，今宵不到伊行。

周邦彥：風流子・天便教人，霎時廝見何妨！

周邦彥：浪淘沙・弄夜色，空餘滿地梨花雪。

周邦彥：尉遲杯・無情畫舸，都不管，煙波隔前浦，等行人，醉擁重衾，載得離恨歸去。

周邦彥：瑞鶴仙・歎西園，已是花深無地，東風何事又惡？

辛棄疾：木蘭花•慢無情水，都不管，共西風，只管送歸船。

辛棄疾：木蘭花•慢長安，故人問我，道愁腸，殢酒只依然。目斷秋霄落雁，醉來時響空弦。

辛棄疾：水龍吟•可惜流年，憂愁風雨，樹猶如此。

辛棄疾：水龍吟•求田問舍，怕應羞見，劉郎才氣。

辛棄疾：水龍吟•楚天千里清秋，水隨天去秋無際。

辛棄疾：水龍吟•落日樓頭，斷鴻聲裡，江南遊子，把吳鉤看了，欄杆拍遍，無人會，登臨意。

辛棄疾：永遇樂•想當年，金戈鐵馬，氣吞萬里如虎。

辛棄疾：永遇樂•舞榭歌台，風流總被，雨打風吹去。

辛棄疾：永遇樂•千古江山，英雄無覓，孫仲謀處。

辛棄疾：青玉案•眾裡尋他千百度，驀然回首，那人卻在，燈火闌珊處。

辛棄疾：青玉案•鳳蕭聲動，玉壺光轉，一夜魚龍舞。

辛棄疾：青玉案•東風夜放花千樹，更吹落，是如雨。

辛棄疾：祝英台•近是他春帶愁來，春歸何處？卻不解，帶將愁去。

辛棄疾：祝英台•近斷腸片片飛紅，都無人管，更誰勸，啼鶯聲住？

辛棄疾：賀新郎•馬上琵琶關塞黑。更長門，翠輦辭金闕。看燕燕，送歸妾。

辛棄疾：賀新郎•啼到春歸無啼處，苦恨芳菲都歇。算未抵人間離別。

辛棄疾：賀新郎・啼鳥還知如許恨，料不啼清淚長啼血。誰共我，醉明月？

辛棄疾：賀新郎・瑣窗寒，輕攏慢撚，淚珠盈睫。推手含情還卻手，一抹梁州哀徹。

辛棄疾：賀新郎・綠樹聽鵜鴂。更那堪，鷓鴣聲住，杜鵑聲切。

辛棄疾：賀新郎・千古事，雲飛煙滅。

辛棄疾：摸魚兒・千金縱買相如賦，脈脈此情誰訴？

辛棄疾：摸魚兒・休去倚危欄，斜陽正在，煙柳斷腸處。

辛棄疾：摸魚兒・君莫舞！君不見，玉環飛燕皆塵土。

辛棄疾：摸魚兒・更能消，幾番風雨，匆匆春又歸去。

辛棄疾：摸魚兒・春且住！見說道，天涯芳草無歸路。

辛棄疾：摸魚兒・閒愁最苦，休去倚危欄，斜陽正在，煙柳斷腸處。

辛棄疾：漢宮春・卻笑東風從此，便薰梅染柳，更沒些閒。閒時又來，鏡裡轉變朱顏。

辛棄疾：鷓鴣天・紅蓮相倚渾如醉，白鳥無言定自愁。

周密：玉京秋・玉骨西風，恨最恨，閑卻新涼時節。

周密：玉京秋・煙水闊，高林弄殘照，晚蜩淒切。

周密：玉京秋・一襟幽事，砌蟲能說。

周密：花犯・水仙花冰絲寫怨更多情，騷人恨，枉賦芳蘭幽芷。春思遠，誰嘆賞、國香風味？

周邦彥：解連環燕子樓空，暗塵鎖，一床弦索。
周邦彥：過秦樓•閑依露井，笑撲流螢，惹破畫羅輕扇。
周邦彥：滿庭芳•年年，如秋燕，飄流瀚海，來寄修椽。
周邦彥：滿庭芳•風老鶯雛，雨肥梅子，午陰嘉樹清圓。
周邦彥：滿庭芳•人靜烏鳶自樂，小橋外，新綠濺濺。
周邦彥：瑣窗寒•灑空階，夜闌未休，故人剪燭西窗語。
周邦彥：蝶戀花•喚起兩眸清炯炯，淚花落枕紅綿冷。
周邦彥：蘭陵王•沉思前事，似夢裡，淚暗滴。
周邦彥：蘭陵王•長亭路，年去歲來，應折柔條過千尺。
周紫芝：踏莎行•一溪煙柳萬絲垂，無因繫得蘭舟住。
岳飛：滿江紅•壯志饑餐胡虜肉，笑談渴飲匈奴血。
岳飛：滿江紅•怒髮衝冠，憑欄處，瀟瀟雨歇。
岳飛：滿江紅•莫等閒，白了少年頭，空悲切。
岳飛：滿江紅•靖康恥，猶未雪；臣子恨，何時滅。駕長
車踏破，賀蘭山缺。
岳飛：滿江紅•三十功名塵與土，八千里路雲和月。
俞國寶：風入松•一春長費買花錢，日日醉湖邊，玉驄慣

位於武漢黃鶴樓後方的岳飛雕像

識西湖路，驕嘶過，沽酒樓前。

姜夔：杏花天•滿汀芳草不成歸，日暮，更移舟，向甚處？

姜夔：長亭怨•慢算空有並刀，難剪離愁千縷。

姜夔：琵琶仙•雙槳來時，有人似，舊曲桃根桃葉。歌扇輕約飛花，蛾眉正奇絕。

姜夔：琵琶仙•十里楊州，三生杜牧，前事休說。

姜夔：琵琶仙•千萬縷，藏鴉細柳，為玉尊，起舞回雪。

姜夔：暗香•舊時月色，算幾番照我，梅邊吹笛？

姜夔：暗香•長記曾攜手處，千樹壓，西湖寒碧。

姜夔：楊州慢•二十四橋仍在，波心蕩，冷月無聲。

姜夔：慶宮春•那回歸去，蕩雲雪，孤舟夜發。傷心重見，依約眉山，黛痕低壓。

姜夔：慶宮春•雙槳蓴波，一蓑松雨，暮愁漸滿空闊。

姜夔：踏莎行•別後書辭，別時針線，離魂暗逐郎行遠。

姜夔：踏莎行•淮南皓月冷千山，冥冥歸去無人管。

姜夔：霓裳中•序第一飄零久，而今何意，醉臥酒壚側。

姜夔：霓裳中•序第一人何在？一簾淡月，彷彿照顏色。

姜夔：點降唇•今何許？憑欄懷古，殘柳參差舞。

姜夔：念奴嬌•高柳垂陰，老魚吹浪，留我花間住。田田多少，幾回沙際歸路。

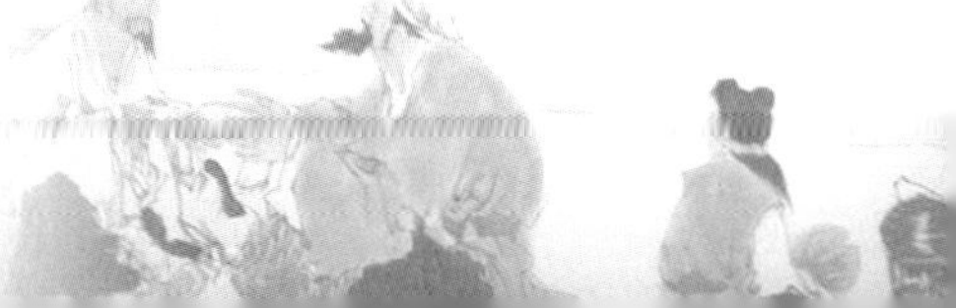

柳永：八聲甘州・想佳人，妝樓凝望，誤幾回，天際識歸舟？

柳永：八聲甘州・對瀟瀟暮雨灑江天，一番洗清秋。

柳永：八聲甘州・漸霜風凄緊，關河冷落，殘照當樓。

柳永：少年遊・夕陽島外，秋風原上，目斷四天垂。

柳永：少年遊・目斷四天垂。

柳永：少年遊・長安古道馬遲遲，高柳亂蟬嘶。

柳永：玉蝴蝶・海闊山遙，未知何處是瀟湘？

柳永：曲玉管・一場消黯，永日無言，卻下層樓。

柳永：夜半樂・凝淚眼，杳杳神京路，斷鴻聲遠長天暮。

柳永：定風波・早知恁麼，悔當初，不把雕鞍鎖。

柳永：定風波・針線閑拈拌伊坐，和我，免使年少，光陰虛過。

柳永：定風波・日上花梢，鶯穿柳帶，猶壓香衾臥。

柳永：定風波・無那，恨薄情一去，音書無個。

柳永：雨霖鈴・今宵酒醒何處？楊柳岸，曉風殘月。

柳永：雨霖鈴・此去經年，應是良辰好景虛設。便縱有，千種風情，更與何人說？

柳永：雨霖鈴・執手相看淚眼，竟無語凝噎。

柳永：雨霖鈴・寒蟬凄切，對長亭晚，驟雨初歇。

柳永：雨霖鈴・多情自古傷離別，更那堪，冷落清秋節。
柳永：蝶戀花・衣帶漸寬終不悔，為伊消得人憔悴。
柳永：蝶戀花・佇倚危樓風細細，望極春愁，黯黯生天際。
柳永：蝶戀花・草色煙光殘照裡，無言誰會憑欄意？
范仲淹：禦街行・天淡銀河垂地。
范仲淹：禦街行・年年今夜，月華如練，長是人千里。
范仲淹：禦街行・都來此事，眉間心上，無計相回避。
范仲淹：禦街行・殘燈明滅枕頭攲，諳盡孤眠滋味。
范仲淹：禦街行・愁腸已斷無由醉，酒未到，先成淚。
范仲淹：蘇幕遮・酒入愁腸，化作相思淚。
范仲淹：蘇幕遮・碧雲天，黃葉地，秋色連波，波上寒煙翠。
范仲淹：蘇幕遮・黯鄉魂，追旅思，夜夜除非，好夢留人睡。
范仲淹：蘇幕遮・山映斜陽天接水，芳草無情，更在斜陽外。
范成大：霜天曉角・勝絕，愁亦絕，此情誰共說？惟有兩行低雁，知人倚畫樓月。
晁沖之：臨江仙・相思休問定何如？情知春去後，管得落花無。
晁沖之：臨江仙・尋常相見了，猶道不如初。
晁補之：水龍吟・算春長不老，人愁春老，愁只是，人間有。

范仲淹繪像

晏殊：木蘭花•池塘水綠風微暖，記得玉真初見面。

晏殊：木蘭花•長於春夢幾多時，散似秋雲無覓處。

晏殊：木蘭花•無情不似多情苦，一寸還成千萬縷。

晏殊：木蘭花•當時共我賞花人，點檢如今無一半。

晏殊：木蘭花•綠楊芳草長亭路，年少拋人容易去。

晏殊：木蘭花•勸君莫作獨醒人，爛醉花間應有數。

晏殊：木蘭花•天涯地角有窮時，只有相思無盡處。

晏殊：浣溪沙•無可奈何花落去，似曾相識燕歸來。

晏殊：浣溪沙•滿目山河空念遠，落花風雨更傷春，不如憐取眼前人。

晏殊：浣溪沙•一向年光有限身，等閒離別易消魂，酒筵歌席莫辭頻。

晏殊：浣溪沙•一曲新詞酒一杯，去年天氣舊池台，夕陽西下幾時回？

晏殊：清平樂•紅箋小字，說盡平生意。

晏殊：清平樂•鴻雁在雲魚在水，惆悵此情難寄。

晏殊：清平樂•人面不知何處，綠波依舊東流。

晏殊：踏莎行•小徑紅稀，芳郊綠遍。高臺樹色陰陰見。

晏殊：踏莎行•無窮無盡是離愁，天涯地角尋思遍。

晏殊：蝶戀花•昨夜西風凋碧樹，獨上高樓，望盡天涯路。

晏幾道：六幺令・一寸狂心未說，已向橫波覺。
晏幾道：阮郎歸・欲將沉醉換悲涼，清歌莫斷腸。
晏幾道：阮郎歸・一春猶有數行書，秋來書更疏。
晏幾道：思遠人・漸寫到別來，此情深處，紅箋為無色。
晏幾道：留春令・樓下分流水聲中，有當日，憑高淚。
晏幾道：虞美人・初將明月比佳期，長向月圓時候，望人歸。
晏幾道：蝶戀花・衣上酒痕詩裡字。點點行行，總是淒涼意。
晏幾道：蝶戀花・紅燭自憐無好計，夜寒空替人垂淚。
晏幾道：蝶戀花・夢入江南煙水路，行盡江南，不與離人遇。
晏幾道：蝶戀花・睡裡消魂無說處，覺來惆悵消魂誤。
晏幾道：蝶戀花・醉別西樓醒不記，春夢秋雲，聚散真容易。
晏幾道：臨江仙・琵琶弦上說相思，當時明月在，曾照彩雲歸。
晏幾道：鷓鴣天・今宵剩把銀釭照，猶恐相逢是夢中。
晏幾道：鷓鴣天・從別後，憶相逢，幾回魂夢與君同。
秦觀：木蘭花・黛蛾長斂，任是春風吹不展，困倚危樓，過盡飛鴻字字愁。
秦觀：浣溪沙・自在飛花輕似夢，無邊絲雨細如愁，寶簾閑掛小銀鉤。
秦觀：浣溪沙・漠漠輕寒上小樓，曉陰無賴似窮秋，淡煙流水畫屏幽。

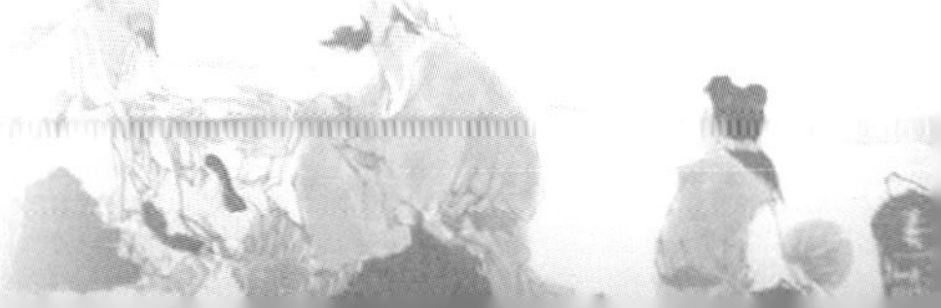

秦觀：望海潮‧無奈歸心，暗隨流水到天涯。

秦觀：滿庭芳‧多少蓬萊舊事，空回首，煙靄紛紛。

秦觀：滿庭芳‧豆蔻梢頭舊恨，十年夢，屈指堪驚。

秦觀：踏莎行‧霧失樓臺，月迷津渡，桃源望斷無尋處。

秦觀：滿庭芳‧傷情處，高城望斷，燈火已黃昏。

秦觀：滿庭芳‧山抹微雲，天粘衰草，畫角聲斷譙門。

袁去華：安公子‧問燕子來時，綠水橋邊路，曾畫樓，見個人人否？

袁去華：瑞鶴仙‧來時舊路，尚岩花，嬌黃半吐。到而今，惟有溪邊流水，見人如故。

袁去華：劍器近‧偷彈清淚寄煙波，見江頭故人，為言憔悴如許。

張先：一叢花‧沉恨細思，不如桃杏，猶解嫁東風。

張先：一叢花‧傷高懷遠幾時窮？無物似情濃。

張先：千秋歲‧心似雙絲網，中有千千結。

張先：青門引‧樓頭畫角風吹醒，入夜重門靜，那堪更被明月，隔牆送過鞦韆影。

張炎：八聲甘州‧折蘆花贈遠，零落一身秋。

張炎：八聲甘州‧短夢依然江表，老淚灑西州。

張炎：八聲甘州‧一字無題處，落葉都愁。

張炎：月下笛‧張緒歸何暮？半零落依依，斷橋鷗鷺。

張炎：月下笛•連昌約略無多柳，第一是，難聽夜雨。

張炎：月下笛•寒窗夢裡，猶記輕行舊時路。

張炎：月下笛•天涯倦旅，此時心事良苦。

張炎：高陽臺•接葉巢鶯，平波卷絮，斷橋斜日歸船。能幾番遊？看花又是明年。

張炎：解連環•寫不成書，只寄得，相思一點。

張炎：解連環•未羞他，雙燕歸來，畫簾半卷。

張鎡：滿庭芳•兒時曾記得，呼燈灌穴，斂步隨音，任滿身花影，獨自追尋。

張元幹：石州慢•天涯舊恨，試看幾許消魂？長亭門外山重疊。不盡眼中青，是愁來時節。

張元幹：蘭陵王•相思除是，向醉裡，暫忘卻。

張孝祥：念奴嬌•玉界瓊田三萬頃，著我扁舟一葉。

張孝祥：念奴嬌•洞庭青草，近中秋，更無一點風色。

張孝祥：念奴嬌•素月分輝，明河共影，表裡俱澄澈。怡然心會，妙處難與君說。

張孝祥：念奴嬌•應念嶺海經年，孤光自照，肝膽皆冰雪。

章良能：小重山•舊遊無處不堪尋，無尋處，惟有少年心。

陳亮：水龍吟•寂寞憑高念遠，向南樓，一聲歸雁。

陳與義：臨江仙•杏花疏影裡，吹笛別天明。

陳與義：臨江仙•二十餘年如一夢，此身雖在堪驚。

陸淞：瑞鶴仙・待歸來，先指花梢教看，欲把心期細問。問因循過了青春，怎生意穩？
陸游：卜運算元・無意苦爭春，一任群芳妒。
陸游：卜運算元・零落成泥碾作塵，只有香如故。
程垓：水龍吟・算好春長在，好花長見，原只是，人憔悴。
賀鑄：石州慢・欲知方寸，共有幾許新愁？芭蕉不展丁香結。
賀鑄：望湘人・不解寄，一字相思，幸有歸來雙燕。
賀鑄：感皇恩・半黃梅子，向晚一簾疏雨。斷魂分付與，春將去。
賀鑄：薄幸・幾回憑雙燕，丁甯深意，往來卻恨垂簾礙。
黃公紹：青玉案・花無人戴，酒無人勸，醉也無人管。
黃孝邁：湘春夜月・可惜一片清歌，都付與黃昏。
黃孝邁：湘春夜月・欲共柳花低訴，怕柳花輕薄，不解傷春。
黃庭堅：清平樂・春無蹤跡誰知？除非問取黃鸝。百囀無人能解，因風飛過薔薇。
黃庭堅：清平樂・春歸何處？寂寞無行路。若有人知春去處，喚取歸來同住。
葉紹翁：遊園不值・滿園春色關不住，一支紅杏出牆來。
葉夢得：賀新郎・萬里雲帆何時到？送孤鴻，目斷千山阻。
葉夢得：虞美人・殷勤花下同攜手，更盡杯中酒。
葉夢得：虞美人・落花已作風前舞，又送黃昏雨。

歐陽修：木蘭花・漸行漸遠漸無書，水闊魚沉何處問？

歐陽修：浪淘沙・把酒祝東風，且共從容。

歐陽修：浪淘沙・今年花勝去年紅。可惜明年花更好，知與誰同？

歐陽修：訴衷情・擬歌先斂，欲笑還顰，最斷人腸。

歐陽修：蝶戀花・庭院深深深幾許？楊柳堆煙，簾幕無重數。

歐陽修：踏莎行・平蕪盡處是春山，行人更在春山外。

歐陽修：踏莎行・離愁漸遠漸無窮，迢迢不斷如春水。

歐陽修：玉樓春・人生自是有情癡，此恨不關風和月。

蔣捷：女冠子・而今燈漫掛，不是暗塵明月，那時元夜。

蔣捷：女冠子・況年來，心懶意怯，羞與蛾兒爭耍。

蔣捷：賀新郎・此恨難平君知否？似瓊台，湧起彈棋局。

錢惟演：木蘭花・情懷漸覺成衰晚，鸞鏡朱顏驚暗換。

錢惟演：木蘭花・綠楊芳草幾時休？淚眼愁腸先已斷。

韓元吉：六州歌・頭前度劉郎，幾許風流地，花也應悲。但茫茫暮靄，目斷武陵溪，往事難追。

韓元吉：好事近・杏花無處避春愁，也傍野煙發。惟有禦溝聲斷，似知人嗚咽。

韓元吉：好事近・凝碧舊池頭，一聽管弦淒切，多少梨園聲在，總不堪華髮。

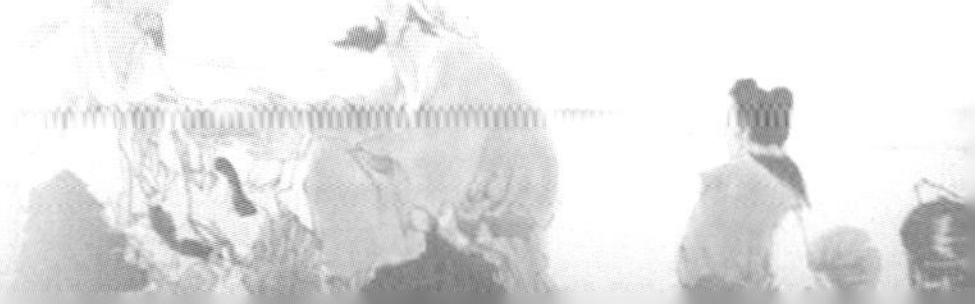

蘇軾：卜運算元・缺月掛疏桐，漏斷人初靜。

蘇軾：卜運算元・誰見幽人獨往來，飄渺孤鴻影。

蘇軾：水調歌頭・不應有恨，何事長向別時圓？

蘇軾：水調歌頭・我欲乘風歸去，又恐瓊樓玉宇，高處不勝寒。起舞弄清影，何似在人間。

蘇軾：水調歌頭・人有悲歡離合，月有陰晴圓缺，此事古難全。但願人長久，千里共嬋娟。

蘇軾：水龍吟・春色三分，二分塵土，一分流水。

蘇軾：永遇樂・燕子樓空，佳人何在？空鎖樓中燕。

蘇軾：江城子・千里孤墳，無處話淒涼。

蘇軾：江城子・縱使相逢應不識，塵滿面，鬢如霜。相顧無言，唯有淚千行。

蘇軾：江城子・十年生死兩茫茫，不思量，自難忘。

蘇軾：定風波・回首向來蕭瑟處，歸去，也無風雨也無晴。

蘇軾：定風波・一蓑煙雨任平生。

蘇軾：洞仙歌・但屈指，西風得時來，又不道，流年暗中偷換。

蘇軾：臨江仙・小舟從此逝，江海寄餘生。

蘇軾：臨江仙・長恨此身非我有，何時忘卻營營。

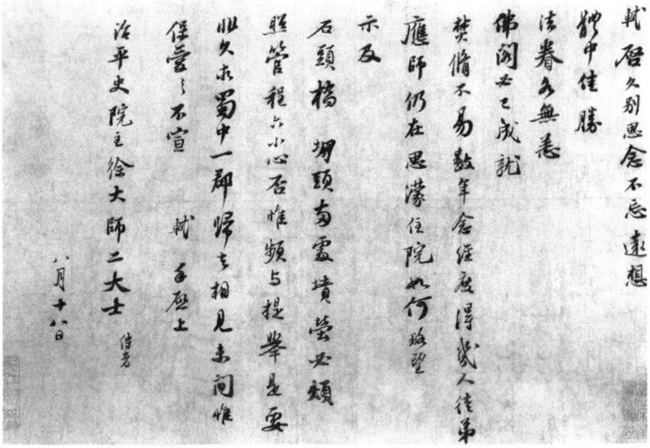

蘇軾的書法被趙孟頫譽為「世間墨寶」，可見蘇軾書藝聞名天下

劉過：唐多令・柳下繫船猶未穩，能幾日，又中秋。
劉過：唐多令・黃鶴斷磯頭，故人曾到不？舊江山，渾是新愁。
劉過：唐多令・蘆葉滿灑洲，寒沙帶淺流。二十年，重過南樓。
劉克莊：木蘭花・男兒西北有神州，莫滴水西橋畔淚。
劉克莊：賀新郎・湛湛長空黑，更那堪，斜風細雨，亂愁如織。
劉克莊：賀新郎・白髮書聲神州淚，盡淒涼，不向牛山滴。
劉辰翁：永遇樂・誰知道，斷煙禁夜，城似愁風雨。
劉辰翁：寶鼎現・月浸葡萄十里，看往來，神仙才子，肯把菱花撲碎。
劉辰翁：寶鼎現・父老猶記宣和事，抱銅仙，清淚如水。
劉辰翁：寶鼎現・等多時，春不歸來，到春時欲睡。又說向，燈前擁髻，暗滴鮫珠墜。
劉辰翁：蘭陵王・春去。誰最苦？但箭雁沉邊，梁燕無主。
劉辰翁：蘭陵王・鞦韆外，芳草連天，誰遣風沙暗南浦。
劉辰翁：蘭陵王・送春去，春去人間無路。
劉辰翁：蘭陵王・亂鴉過，鬥轉城荒，不見來時試燈處。
劉辰翁：蘭陵王・但箭雁沉邊，梁燕無主，杜鵑聲裡長門暮。
劉客莊：木蘭花・年年躍馬長安市，客舍似家家似寄。
歐陽修：木蘭花・別後不知君遠近。

蘇軾：念奴嬌・人生如夢，一樽還酹江月。

蘇軾：水龍吟・似花還似非花，也無人惜從教墜。

陸游和唐琬所寫的〈釵頭鳳〉石碑

位於河南郟縣的「三蘇墳」

【第五部】中學國文教科本選錄的宋詩

橫看成嶺側成峰，遠近高低各不同。——蘇軾宋詩從唐詩的基礎上發展而來，具有自己的特色。它的成就雖不如唐詩，但對後世仍然有很大的影響。宋詩可以分為六個時期：

沿襲期：主要流派有的白體（白居易體，以王禹偁為代表），晚唐體（以魏野、林逋為代表）以及西崑體（以楊億、劉筠、錢惟演為代表）。（偁，音ㄔㄥ。逋，音ㄅㄨ。）

復古期：以歐陽修、梅堯臣、蘇舜欽為代表。他們反對駢文，提倡古文。（駢，音ㄆㄧㄢˊ。）

革新期：指十一世紀後半期，以王安石、蘇軾為代表。他們銳意創新，力圖建立個人風格。同一時期的重要詩人還有黃庭堅、陳師道等；雖並出蘇軾門下，但詩風與蘇氏不同。

凝定期：這段時間的詩有所謂「點鐵成金」、「脫胎換骨」、「以故為新」之稱。後效法者，形成在南北宋之際影響很巨大的江西詩派。重要詩人有陳與義。

中興期：南宋前期，愛國詩的大量出現。以陸游、楊萬里、范成大、朱熹等為代表。

飄零期：以「永嘉四靈」和「江湖詩派」為代表，主要沿襲晚唐宋初的詩風。

宋詩的特質

關於宋詩的特點，一般認為最主要的是議論化、散文化。「以文為詩」，唐代個別詩人如韓愈等已開其端，但奉為圭臬，因之蔚為一代詩風者則自歐陽修、梅堯臣等人始，至王安石、蘇軾、黃庭堅而達到極致。由「以文為詩」到「以議論為詩」，宋詩之所以在強大的唐詩影響之下獨樹一幟，形成自己的這一風格特徵，有著深刻的時代根源。北宋時期，政治改革和隨之出現的朋黨之爭，從慶曆新政到王安石變法，一直是知識分子關心的主要問題。終南宋之世，主戰和主和，又將朝野士人分成旗幟鮮明的兩大派。絕大多數詩人具有官僚和知識分子雙重身分，「開口攬時事，論議爭煌煌」，是這批人的共同特徵。其次，宋代儒學一改唐人死守前代註疏的舊習，疑經惑古，以己意解經，蔚為風氣，本已官僚化的士人，又加上了一重學者化的身分。所謂某人好議論，主要就是由這兩個特殊的時代背景所促成。

宋詩議論化還有另一個特點：理趣。所謂理趣，指寄寓在詩歌形象中的人生哲理。宋詩理趣形成的文化根源主要不是理學，而是佛門的禪機。宋詩中最富有理趣的幾首代表作品，多出於理學形成之前而哲學思想自成體系的王安石、蘇軾及其追隨者黃庭堅、陳師道之手。如蘇軾的

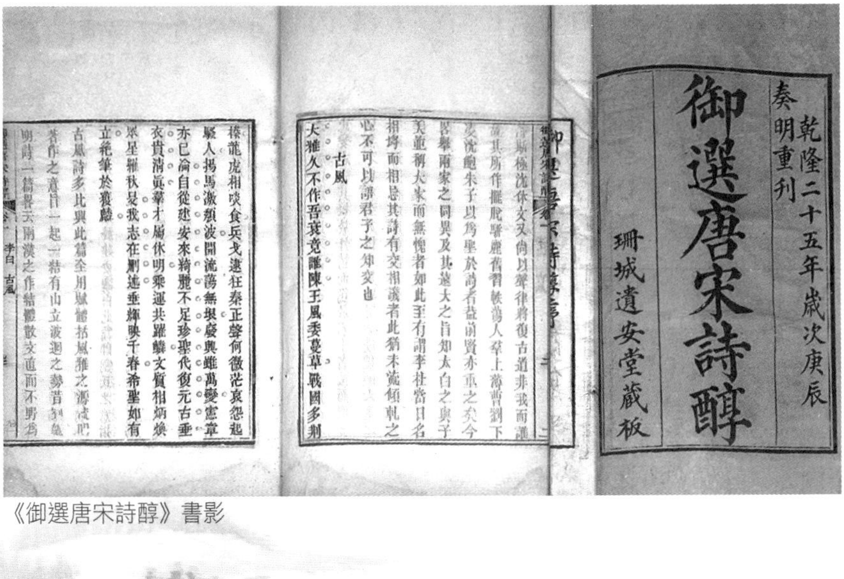

《御選唐宋詩醇》書影

〈次韻法芝舉舊詩一〉：「春來何處不歸鴻，非復贏牛踏舊蹤，但願老師真似月，誰家瓮里不相逢。」即源於《高僧傳》所載醋頭和尚斗機鋒的偈頌。

此外，兩宋詩壇還有兩個前所未有的特點，一是詩歌派別的出現和形成風氣，一是「詩話」做為一種詩歌批評方式的產生和流行。宋詩多流派，當與佛教宗派思想的刺激以及政治上黨爭紛繁的原因有關。如北宋末呂本中作《江西詩社宗派圖》，列黃庭堅以下二十五人，後又有所謂江西詩派一祖三宗之說，一如禪宗之「法嗣」傳衣。列名之人均以名節自勵，氣味相投。至於文學觀方面的不同，因而造成詩家的門戶之見，壁壘森嚴，則與「詩話」的黨同伐異有著互為因果的內在聯繫。

柳永花園

四川陸游祠

宋詩的評價

關於宋詩的評價，自南宋嚴羽的《滄浪詩話》起，就存在著嚴重的分歧，直至在文學史上形成了「尊唐」與「崇宋」兩大派系。大抵唐詩主情致，宋詩重理性，從藝術的角度看，宋詩不少作品缺乏形象性、音樂美，感染力不強，是它的缺點。從文化史的立場上講，宋詩在唐代詩歌格律完備、意象純熟、臻於頂峰的情況下另闢蹊徑，為近世詩歌的發展提供了富有時代意義的榜樣，是它的成功之處。

宋詩作者與作品

宋代詩歌資料彙集，由清代厲鶚（1692～1752）輯錄，共一百卷。錄有宋詩作者三千八百一十二家，各系以小傳，以事存詩，以詩存人。知名的作家包括：柳開、王禹偁、寇準、楊億、林逋、穆修、晏殊、宋祁、曾公亮、梅堯臣、歐陽修、蘇舜欽、邵雍、文同、曾鞏、王安石、程顥、蘇軾、蘇轍、黃庭堅、秦觀、張耒、陳師道、宋徽宗、朱淑真、呂本中、曾幾、陳與義、陸游、楊萬里、范成大、朱熹、姜夔、徐璣、戴復古、趙師秀、文天祥、鄭思肖、杜耒、盧梅坡等人。

〔宋詩〕登飛來峰

王安石

飛來山上千尋塔，聞說雞鳴見日升。
不畏浮雲遮望眼，只緣身在最高層。

【作者】

王安石（1021～1086），字介甫，號半山，諡文，封荊國公，世人稱王荊公，北宋臨川人。歷史上傑出的政治家、文學家、思想家、改革家。北宋帝國首相、新黨領袖。歐陽修稱讚王安石：「翰林風月三千首，吏部文章二百年。老去自憐心尚在，後來誰與子爭先。」被列為「唐宋八大家」之一的王安石著有：《王臨川集》、《臨川集拾遺》等存世。擅長詩詞，流傳最著名的莫過於〈泊船瓜洲〉「春風又綠江南岸，明月何時照我還。」

王安石為人特立獨行。據載，他常不梳洗就出門會客，看書入神時會隨手取物吃，吃了

王安石雕像

魚食也不知道。署名蘇洵但被認為是偽作的〈辨姦論〉即影射王安石，文寫道：「夫面垢不忘洗，衣垢不忘浣，此人之至情也。今也不然，衣臣虜之衣，食犬彘之食，囚首喪面而談詩書，此豈其情也哉？」蘇軾和王安石歷來不睦，王安石喜好驚人之言，蘇軾曾為文譏諷。（彘，音ㄓˋ。）

【注釋】

1. 飛來峰：浙江紹興城外的寶林山。唐宋時其上有應天塔，俗稱塔山。古代傳說此山自琅琊郡東武縣（今山東諸城）飛來，故名飛來峰。
2. 千尋：古以八尺為一尋，形容山高。
3. 不畏：反用李白〈登金陵鳳凰台〉：「總為浮雲能蔽日，長安不見使人愁」句意。
4. 浮雲：暗喻奸佞的小人。漢陸賈〈新語〉：「邪臣蔽賢，猶浮雲之障白日也。」
5. 緣：因為。
6. 最高層：最高處。

【譯文】

飛來峰上聳立著極高的寶塔，我聽說雞叫時可以看見太陽升起。不怕會有浮雲遮住了遠望的視線，只因為人已經站在山的最高峰。

【賞析】

飛來峰位於杭州西湖靈隱寺附近。1050年夏日，王安石在浙江鄞縣（現在的浙江寧波）任知縣，屆滿以後回江西臨川故鄉，路過杭州時，寫了這首詩，這一年王安石三十歲。

作者說：「我登上飛來峰頂高高的塔，聽說每天黎明雞叫的時候，在這兒可以看見太陽升起。身在塔頂，站得高自然看得遠，眼下的景物可以一覽無遺，不怕浮雲把視線遮住。」有學者認為，這首詩和唐朝詩人王之渙的〈登鸛雀樓〉「白日依山盡，黃河入海流，欲窮千里目，更上一層樓。」有異曲同工之妙。

〔宋詩〕泊船瓜洲

王安石

京口瓜洲一水間，鍾山只隔數重山。
春風又綠江南岸，明月何時照我還。

【注釋】

1. 京口：今江蘇鎮江。
2. 瓜洲：今長江北岸，揚州南面。
3. 鍾山：南京紫金山。

【譯文】

京口和瓜洲之間只隔著一條長江，我所居住的鍾山隱沒在幾座山巒後面。暖和的春風啊！吹綠了江南的田野；明月啊！什麼時候才能照著我回到鍾山下的家裡？

【賞析】

據說王安石辭官的第二年，皇帝再度起用他，召他進京。一日，他乘船路過瓜洲，因懷念

王安石紀念館

金陵故居，在船停泊瓜洲小憩時，王安石站在船頭遠眺，看到京口和瓜洲間隔著一條長江，鍾山也只相隔幾座大山，春風吹到江南，大地一片春光，他不禁想起推行的變法運動，深信自己一定會使變法成功，怎奈朝廷內部鬥爭尖銳，自覺前途迷惘，不由觸動了對家鄉的思愁。面對此情此景，王安石不由自主吟誦出這首七言絕句；在這四句詩中，作者特別喜歡「春風又到江南岸」一句，因為春風暗示他推行的變法運動，後來又覺得「到」字用得不夠生動，遂改成「入」和「過」，以及「滿」，最後仍覺不滿意。整整想了一夜，一樣沒有結果。第二天一早，再度來到船頭，忽然看到江岸一片蔥綠，念頭一閃，「綠」字就此產生，「春風又綠江南岸」因此成了千古名句。

作者在詩作中十分注重用詞的準確性、生動性，「綠」字原本為形容詞，可是在這首詩中卻是「吹綠」的意思，這在古漢語中叫做使動用法，是形容詞的動詞妙用，足見作者遣詞造句的功力非凡。

〔宋詩〕過零丁洋

文天祥

辛苦遭逢起一經，干戈寥落四周星。
山河破碎風飄絮，身世浮沉雨打萍。
惶恐灘頭說惶恐，零丁洋裡嘆零丁。
人生自古誰無死，留取丹心照汗青。

【作者】

文天祥（1236～1283），南宋末期吉州盧陵（今江西吉安縣）人，初名雲孫，字天祥。選中貢士後，換以天祥為名，改字履善。寶祐四年（1256）中狀元後再改字宋瑞，後因住過文山，而號文山。

南宋末年，全力抵抗元軍侵略，兵敗被俘，受俘期間，元世祖以高官厚祿勸降，始終不屈於元人的威逼利誘，最後從容就義。他後期的詩作主要記述抗擊元兵的艱難歷程，表現堅貞的氣節，慷慨悲壯，感人至深。文天祥以忠烈名傳後世，生平事蹟被後世稱許，與陸秀夫、張世傑被稱為「宋末三傑」。

【注釋】

1. 零丁洋：在今廣東中山南的珠江口。

2. 辛苦：追述早年身世及為官以來的種種辛苦。

3. 遭逢：被朝廷選拔任用。

4. 起一經：因精通某一經籍，通過科舉考試得官。文天祥在宋理宗寶祐四年（1256）以進士第一名及第。經：儒家的經典著述。漢代開始以明經取士。

5. 干戈寥落：干戈指兵事、戰亂。寥落意為荒涼冷落。此泛指戰爭。

6. 四周星：四年。地球每十二個月繞太陽一周，故亦稱周星。

7. 「山河」二句：指國家局勢和個人命運都已經如浮萍難以挽回。

8. 惶恐灘：原名黃公灘，在今江西萬安縣，水流湍急，為贛江十八灘之一。宋瑞宗景炎二年（1277），文天祥在江西空坑兵敗，經惶恐灘退往福建。

9. 「零丁」一句：慨嘆當前處境以及自己的孤軍勇戰、孤立無援。文天祥被俘後，囚禁於零丁洋的戰船中。

10. 汗青：史冊。紙張發明之前，用竹簡記事。製作竹簡時，需用火烤去竹汗（水分），故稱汗青。

【譯文】

辛辛苦苦的參加科舉考試，以精通一部儒家經典入仕為官。可是元軍南侵，激烈戰鬥不斷，我投身軍旅生涯，已過了四個年頭。大好山河早已支離破碎，猶如狂風吹捲柳絮，在半空中紛紛飄散。個人的身世遭遇，恐將成為亡國孤臣，恰似暴雨擊打浮萍，在水面漂流。回憶去年空坑一戰慘敗，途經黃公灘，心情十分惶恐不安；現在兵敗被俘，來到珠江口，怎能不感慨自己零丁孤寂啊！自古以來，誰人能免除一死呢？我已經準備好了，就留下這顆赤烈的心照耀史冊吧！

【賞析】

作者寫下這首詩，是於廣東零丁洋元朝軍艦上被俘獲的第二年正月過零丁洋之時，用以表明忠於宋朝不願投降的心志。此詩為文天祥《指南錄》中的一篇，為其代表作之一。作品寫於南宋末年，祥興二年（1279）文天祥在抵抗元朝軍隊失敗後被俘，元軍元帥張弘范強逼他寫信招降南宋在海上堅持抵抗的張世傑，船過零丁洋時的感慨，他以詩歌表明決心殉國的志節。作者從生活中擷取四個重大事件，反應其抗元愛國的一生，具有高度的概括性與感染力。最後兩句直抒出胸中的凜然正氣，慷慨陳詞，激昂高揚，沉鬱悲壯，感人至深，成千古絕唱。

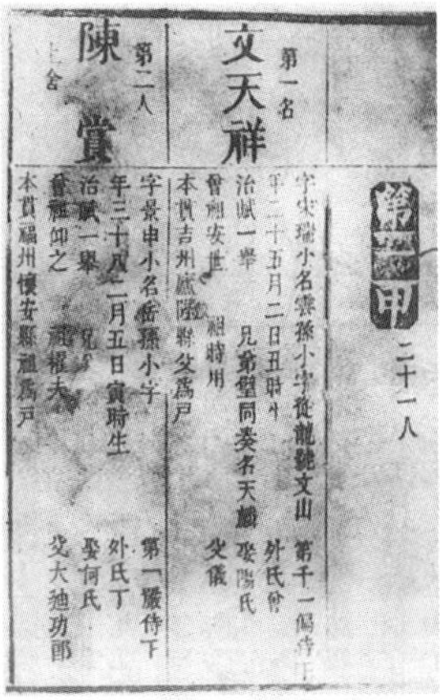
第一名
文天祥
第二人
陳賞
二十一人

文天祥進士及第書

文天祥紀念館

〔宋詩〕活水亭觀書有感

朱熹

半畝方塘一鑑開，天光雲影共徘徊。
問渠那得清如許，為有源頭活水來。

【作者】

朱熹，南宋理學家、教育家，字元晦，又字仲晦，晚號晦翁、雲谷老人、滄洲病叟、遁翁，別稱紫陽。祖籍徽州婺源（今江西婺源縣）。宋建炎四年（1130）九月十五日誕生於南劍州（南平）尤溪鄭氏草堂。幼年從父朱松學，紹興十三年（1143），朱松病逝，朱熹遵父遺命，到崇安（今武夷山市）五夫里，依附朱松生前摯友劉子羽，子羽視朱熹如己子，建紫陽樓，以供朱熹母子居住，朱熹遂定居武夷。（叟，音ㄙㄡˇ。婺，音ㄨˋ。）

在五夫里，南宋宿儒胡憲、劉勉之、劉子翬均授朱熹以學，五年後，朱熹年僅十九即登進士。紹興二十一年（115），朝廷授朱熹為迪功郎，任泉州同安主簿，後曆事南宋高宗、孝宗、甯宗、光宗四朝，累官知南康軍、知漳州、潭州。煥章閣待制兼侍讀，卒諡太師，封信國公。（翬，音ㄏㄨㄟ。）

朱熹一生宦途坎坷，仕宦七載，立朝僅四十六天，任祠官達二十三年，待職、無職或罷職十六年。仕宦雖短，政績卻十分斐然。他在一生中與武夷山結下不解之緣。自十四歲定居武夷山市，至六十四歲遷居建陽考亭的五十年裡，武夷山幾為他的後花園。不但童年、少年時期常隨其師劉子翬到武夷山講讀，入仕後的四十餘年中，除去外地為官七載和各地論道外，其餘時間多在武夷山。（斐，音ㄈㄟˇ。）

淳熙十年（1183），他在武夷九曲溪的五曲隱屏峰下，親自營建武夷精舍，聚集四方士子、講學授徒。四方前來就學的學子多達數百人，同時引來許多知名學者，紛紛聚集武夷山創辦書院、學堂，使武夷山成為南宋時期的一座文化名山道南理窟。

朱熹在武夷山著書立說，相繼撰寫和編次了：《程氏遺書》、《論語精義》、《資治通鑑綱目》、《八朝名臣言行錄》、《西銘解義》、《太極圖說解》、《通書解》、《伊洛淵源錄》、《程氏外書》、《近思錄》、《論語集注》、《孟子集注》、《詩集傳》等二十餘部著述。

【注釋】

1. 半畝：言其小也。
2. 鑒：鏡子。
3. 影：水中倒影。
4. 徘徊：流動不絕貌。
5. 渠：水，指方塘。

朱熹雕像

6. 如許：這樣。
7. 為：一作「謂」，答詞。

【譯文】

半畝大小的方形池塘裡，水光明澄清澈得像一面打開的鏡子，藍天和白雲的影子倒映在池面上，彷彿悠閒自在地來回走動，它怎麼會這樣清澈？是因為發源處不斷有活水流下來。

【賞析】

以理入詩，是宋詩的特點；於形象中寓深刻的道理，正是宋詩的奧妙之處。這首小詩藉池塘水清因有活水注入的現象，比喻人要不斷接受新事物，才能保持思維的進步。全詩描寫明麗清新的一派田園風光，半畝大的一塊小水塘就像展開的鏡子，這面「鏡子」中映照著天上徘徊的雲影。可想那清澈的水面何等靜謐安詳了。第三句自問這池塘水為什麼如此清澈？然後自答道，因為源頭有活水一直不停地流下來，讓人體現畫面感的昇華。詩後意表讀書亦復如是，只要不斷吸收新知、累積基礎，源頭的學識越豐盛，求學做人一樣可以明清順利。

朱熹故里五夫鎮的興賢書院

〔宋詩〕自責（二首）

朱淑真

女子弄文誠可罪，那堪詠月更吟風。
磨穿鐵硯非吾事，繡折金針卻有功。

悶無消遣只看詩，不見詩中話別離。
添得情懷轉蕭索，始知伶俐不如癡。

【作者】

朱淑真，南宋初年時在世，祖籍歙州（州治今安徽歙縣），錢塘人，世居桃村，號幽棲居士。生於仕宦家庭，工詩，嫁為市井民妻，相傳因婚嫁不滿，抑鬱而終。生前能畫，通音律，詞多幽怨，流於感傷；也能詩。著有詩集《斷腸集》，宋鄭元佐注本。

【注釋】

1. 堪：勝任、承受。
2. 磨穿鐵硯：比喻用功讀書，持久不懈。

3. 蕭索：冷落衰頹的樣子。

4. 伶俐：聰明機靈，反應敏捷。

【譯文】（二首）

女子舞文弄墨，已經犯了禁忌，哪還能做些詠月更吟風的雅事。讀書不是女人家能做的事，我只能在閨房裡做些刺繡的女紅活。

日子沉悶得毫無任何消遣，僅能躲進屋裡讀詩，不見詩裡談及離別傷愁。我寂寥的情懷變得蕭瑟許多，最後才知道，我的伶俐聰明遠不如癡情來得厚實。

〈朱淑真集注〉書影

【賞析】

這兩首小詩充分反映她年少自負而不失為女兒家的氣派。其人自幼聰慧，善讀書，工詩，風流蘊藉。早年，父母無識，逼她強嫁市井民家。淑真抑鬱不得志，抱恚而死。父母復以佛法並其平生著作荼毗之。臨安王唐佐為之立傳。宛陵魏端禮輯其詩詞，名曰《斷腸集》。（恚，音ㄏㄨㄟˋ。怨恨、憤怒。荼毗：毗，音ㄆㄧˊ。荼毗，梵語稱火葬。）

〔宋詩〕寒夜

杜耒

寒夜客來茶當酒，竹爐湯沸火初紅；
尋常一樣窗前月，才有梅花便不同。

【作者】

杜耒，字子野，號小山。盱江〈今江西省臨川市〉人。能詩，詩風樸素，有韻味。以詩聞名，王安石小的時候曾和杜耒學習作詩。（耒，音ㄌㄟˇ。）

【注釋】

1. 竹爐：煮水泡茶的火爐，土質內壁，竹編外殼，美觀且不易燙手。
2. 湯沸：指開水翻滾。
3. 尋常：平常。
4. 才：剛剛。

杜耒在〈寒夜〉一詩中的「尋常一樣窗前月」

杜耒在〈寒夜〉中的「竹爐湯沸火初紅」

【譯文】

在寒冷的夜裡，客人前來造訪，家裡沒有水酒，只好用茶水代替款待。竹爐上的開水正燒得沸騰，火勢才開始興旺。窗前的明月和平常沒有什麼不同，忽然發現窗外新開了幾朵梅花，覺得和以前的氣氛大不一樣了。

【賞析】

這首小詩寫來清淡優雅，正如一杯清茶，十分耐人尋味。客人寒夜造訪，主人以茶當酒款待客人。飲茶之際突然把話題轉到月亮，二人共舉清茶，對月漫飲。於是發一番議論，月是最常見的月，只是因為有了梅花，月才顯得不同；因為有了月色映照，便覺梅花別有風韻。作者善於言情，也善於鋪景，他寫窗外明月、梅花、屋內紅火、熱茶，加上主人與客人在窗前夜話，呈現一幅雅致又富於情趣的圖畫。

〔宋詩〕除夜自石湖歸苕溪

姜夔

細草穿沙雪半銷，吳宮煙冷水迢迢。
梅花竹裡無人見，一夜吹香過石橋。

【作者】

姜夔（約1155～1221）字堯章，別號白石道人，又號石帚。饒州鄱陽（今江西波陽縣）人。少年孤貧，屢試不第，終生未仕，一生轉徙江湖。早有文名，頗受楊萬裡、范成大、辛棄疾等人推崇，以清客身分與張鎡等名公臣卿往來。今存詞八十多首，多為記遊與抒寫個人身世、離別相思之作，偶也流露對於時事的感慨。其詞情意真摯，格律嚴密，用詞華美，風格清幽冷雋，有以瘦硬清剛之筆調，矯婉約詞媚無力之意。代表作：〈暗香〉、〈疏影〉等。（夔，ㄎㄨㄟˊ。鎡，音ㄗ。）

【注釋】

1. 除夜：除夕。
2. 石湖：今江蘇蘇州西南。

3.苕溪：浙江吳興縣別稱，因境內苕溪得名。吳興即湖州（宋時湖州治所在吳興）。時姜夔居家於此。（苕，音ㄊㄧㄠˊ。）

4.草：夏校本、陸本、許本並作「草」，吟稿本作「柳」。庾信〈蕩子賦〉：「細草橫，階隨意生。」

5.吳宮：蘇州有春秋時代吳國宮殿遺址。

6.迢迢：遙遠的樣子。杜牧〈寄揚州韓判官〉「青山隱隱水迢迢，秋盡江南草木凋。」

【譯文】

積雪融化了一半，從沙地裡露出了細嫩鵝黃色的小草。清冷的河水遠遠流淌，吳國王宮遺址被煙霧重重籠罩著。悄然開放的梅花，隱藏在竹林裡無人知曉。只有暗香時時吹來，使我一夜沉醉著渡過石橋。

姜夔在〈除夜自石湖歸苕溪〉所寫「吳宮煙冷水迢迢」的吳宮

【賞析】

姜夔終生不仕，以清客身分暫居范成大石湖別墅。〈除夜自石湖歸苕溪〉詩共十首，即為作者利用返家途中所寫。此首為該組詩第一首。姜夔的詩少纖巧之痕，詩風清妙秀遠。

紹熙二年（1191）冬，姜夔告別石湖別墅，除夕之夜乘舟歸回苕溪。落拓遊子漂無定所，寄人籬下的生活使他心中始終懷抱深深的落寞和孤寂，表面的熱鬧消隱之後，這種心境更無處遁形。歸途中，夜色蒼茫，四野幽渺，寒氣襲人，詩人不禁心緒如潮，寫下這十首七絕。宋朝陳振孫〈直齋書錄解題〉云：「石湖范致能尤愛其詩，楊誠齋亦愛賞之，賞其〈歲除舟行十絕〉，以為有裁雲縫霧之妙思，敲金戛玉之奇聲。」即謂這十首詩的構思精心細密，格調諧婉高秀。

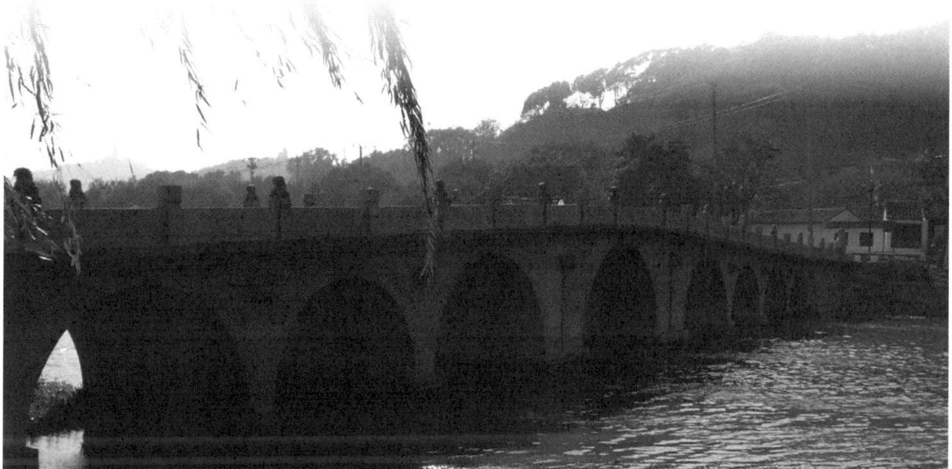
姜夔所寫〈除夜自石湖歸苕溪〉的蘇州石湖

〔宋詩〕春日

秦觀

一夕輕雷落萬絲，霽光浮瓦碧參差。
有情芍藥含春淚，無力薔薇臥曉枝。

【作者】

秦觀（1049～1100），字少游、太虛，號淮海居士，高郵（今屬江蘇）人。曾任秘書省正字，兼國史院編修官等職，因政治理念傾向於舊黨，被視為元佑黨人，紹聖後屢遭貶謫。秦觀文辭為蘇軾賞識，為「蘇門四學士」之一，工詩詞，詞多寫男女情愛，也頗有感傷身世之作，風格委婉含蓄，清麗雅淡。詩風與詞風相近，著有《淮海集》、《淮海居士長短句》。

【注釋】

1. 絲：比喻雨。
2. 霽光：雨後或霜雪過後轉晴。霽，音ㄐㄧˋ。
2. 浮瓦：晴光照在瓦上。

秦觀雕像

3.芍藥：牡丹。芍，音ㄕㄠˊ。

4.春淚：雨點。

【譯文】

輕雷響過，春雨淅瀝而下。雨後初晴，陽光在被雨水剛剛洗過的碧瓦間浮動。春雨過後，芍藥像美麗的少女，情意脈脈的含著傷春的眼淚；無力的薔薇像纖弱的姑娘，橫臥在清晨的枝頭上。

【賞析】

這首七絕詩描寫夜雨初霽的春天庭院的景致，以綿密而描摹傳神的技巧見長。詩人捕捉到春雨萬絲的特徵，把焦點對準庭院一角，攝下一幅雷雨後晴春曉日的精巧畫面。透過對偶形式，擬人手法，襯托庭院的華麗，也描繪了芍藥和薔薇百媚千嬌的情態。芍藥亭亭玉立、薔薇攀枝蔓延，所以各有「含春淚」之態、「無力臥」之狀。因其體悟入微，情致蘊藉，全篇兼具清新婉麗的韻味，在意境上以「春愁」統攝全篇，雖不露一「愁」字，但從芍藥、薔薇的情態中自可領悟，其中又曲折隱晦的反映作者對宦途命運艱險的恐懼，形成了多愁善感的心理。

秦觀在〈春日〉一詩中的「霽光浮瓦碧參差」

〔宋詩〕書憤

陸游

早歲哪知世事艱，中原北望氣如山。
樓船雪夜瓜洲渡，鐵馬秋風大散關。
塞上長城空自許，鏡中衰鬢已先斑。
出師一表真名世，千載誰堪伯仲間。

【作者】

陸游（1125~1210），字務觀，號放翁，越州山陰（今浙江省紹興市）人。父親陸宰是個具有愛國思想的知識分子。家庭教育，使陸游從小就樹立憂國憂民的思想和殺敵報國的壯志。他自幼好學不倦，「年十二能詩文」，還學劍，鑽研兵書。二十五歲左右，向具有愛國思想的詩人曾幾學詩，受益匪淺，從此確定他詩歌創作的愛國主義基調。

〈關山月〉、〈書憤〉、〈金錯刀〉、〈農家嘆〉、〈黃州〉、〈長歌行〉等，均為其代表作。另也工於詞，纖麗處似秦觀，雄快處似蘇軾，超爽處更肖辛棄疾。以〈訴衷情・當年萬里覓封侯〉、〈卜算子・驛外斷橋邊〉等最為著名。他的文學理論也具有相當影響力，主張詩文為發

洩人心鬱悶的利器，又主張養氣以求工。

【注釋】

1. 書憤：抒發義憤。書，寫。
2. 樓船：戰艦。
3. 瓜洲渡：地名，今在鎮江對岸。
4. 大散關：地名，在陝西寶雞縣西南，為宋金交界處。
5. 塞上長城：作者自比。
6. 堪：可以。
7. 伯仲間：兄弟之間。意為相差無幾。

【譯文】

年輕時代哪裡知道世事會如此艱難，北望被金人侵佔的中原，氣概有如高山。讚賞劉錡等曾乘著高大的戰艦，在雪夜裡大破金兵於瓜洲渡口，吳璘等也曾騎著披甲的戰馬，在秋風中大敗金兵於大散關。我自認為是邊防上的長城，對鏡攬照看見年衰的頭髮早已斑白。〈出師表〉這篇文章果真是舉世聞名，千載以來誰能與諸葛亮相比？

陸游曾到青城山賞遊並留下詩篇

【賞析】

這首詩是陸游於宋孝宗淳熙十三年（1186）春，居家鄉山陰時所作。陸游時年六十有二，被黜賦閑在鄉，想那山河破碎，中原未收而感於世事多艱，小人誤國，於是憤而寫下〈書憤〉一文，抒發胸中鬱憤之情。

整首詩歌，句句是憤，字字是憤。憤而為詩，詩便盡是憤。

作品由兩面組成。一方面是他渴望萬里從戎、以身報國的豪壯理想，另一方面則是他壯志難酬、無路請纓的悲憤心情。兩者相互激揚，愈是悲憤，對理想愈執著；對理想愈執著，悲憤也愈強烈。這使得他的詩歌既熱情奔放，又深沉悲愴。實在是憤中含悲，憤中含憂，憤中有報國之義。

首聯回憶過去，塑造作者早年形象，繼而遙望被金人佔領的中原，胸中的憤恨鬱積如山。暗寫他欲圖收復失地。「世事艱」暗指投降派把持朝政，為下文「空自許」鋪墊。從章法上看，點了題目中的「憤」。

頷聯用「樓船夜雪」和「鐵馬秋風」表明南宋人民有力量保衛自己的國土。

頸聯抒發歲月蹉跎、壯志未酬的感慨。

末了則表明作者至死也不放棄恢復中原之志。

〔宋詩〕春日偶成

程顥

雲淡風輕近午天，傍花隨柳過前川。
時人不識余心樂，將謂偷閒學少年。

【作者】

程顥（1032～1085），字伯淳，號明道，世稱明道先生，洛城伊川人，程顥與其弟程頤，都為理學大師，世稱「二程」。早年與程頤共師周敦頤。北宋嘉祐二年（1057）進士，歷官鄠縣主簿、上元縣主簿、澤州晉城令、太子中允、監察御史、監汝州酒稅、鎮寧軍節度判官、宗寧寺丞等職。卒後追封「豫國公」，配祀孔廟。（顥，音ㄏㄠˋ。頤，音ㄧˊ。鄠，音ㄏㄨˋ。）

【注釋】

1. 雲淡：雲層淡薄，指天氣晴朗。
2. 午天：指中午。
3. 傍花隨柳：傍隨於花柳之間。傍，一作「望」。傍，音ㄅㄤˋ，靠近、依靠。隨，沿著。
4. 川：平原或河畔。在花叢柳樹間隨步慢行，已來到前面的河邊。

5.時人：一作「旁人」。

6.余心：我的心。余，我。

7.將謂：就要說。將，乃、於是、就。

8.偷閒：忙中抽出空閒的時間。

【譯文】

雲淡風輕，花紅柳綠，加上時近午後的輕柔日光以及長流的河水，一幅多麼自然有致的大好春景啊！身處這宜人的景色裡，我完全陶醉了。可是誰知道我內心的快樂，甚至還會誤以為我仍像少年人一樣偷閒貪玩呢！

程顥畫像

【賞析】

作者用白描的手法，勾勒出風和日麗的春日景色。前兩句寫景，後兩句抒情。天空中淡淡的白雲，輕柔的春風，和煦的陽光；地面上，紅花綠柳，碧水清澈。從上到下，互相映照，短短十四個字，繪畫出一幅春景。後兩句抒發作者春日郊遊的愉快心情，「偷閒學少年」，出語新穎，平淡中寓有深意，這種怡然自得之樂，似乎也感染了讀者。全詩用字色澤協調，情景交融，在程顥的詩作中，算得上是一首好詩。

〔宋詩〕詠柳

曾鞏

亂條猶未變初黃，倚得東風勢便狂。

解把飛花蒙日月，不知天地有清霜。

【作者】

曾鞏（1019～1083），字子固，建昌南豐（今江西南豐）人，北宋散文家，被譽為「唐宋八大家」之一。生於江西南豐的官宦人家，十二歲即寫作了一篇「六論」，為時人所讚賞。年十六，即篤志為古文。十八歲隨父曾易占遷移到江西玉山縣，二十歲時周遊全國，得當時名士歐陽修賞識，後來成為歐陽修的得意門生，並稱「歐曾」。王安石說：「曾子文章世稀有，水之江漢星之斗」。

1057年，曾鞏中進士後，歷任太平州司法參軍、館閣校勘、越州通判，濟州、福州知州。後受宋神宗之

曾鞏紀念館

邀，到京師擔任中書舍人，進行編修史書工作。曾鞏參與整理並校勘《梁書》、《陳書》、《南齊書》、《列女傳》、《戰國策》、《說苑》等書，寫有「敘錄」。個人著有《元豐類稿》、《續元豐類稿》、《外集》等。代表作為〈墨池記〉，文風細，筆墨利。元豐五年，拜中書舍人。次年（1083）卒於江寧府，理宗時追謚「文定」。

【注釋】

1. 倚：仗恃，依靠。
2. 狂：猖狂。
3. 解把：解得，懂得。
4. 蒙：覆蓋，遮著。

【譯文】

雜亂的柳枝條還沒有變黃，在東風的吹拂下狂扭亂舞。它想用飛絮蒙住日月，卻不知天地之間還有秋霜。

【賞析】

這首詩把柳絮飛花的景色寫得十分生動。柳絮在東風相助之下，狂飄亂舞，鋪天蓋地，像是整個世界都屬於它的。作者抓住事物的特色，使之人性化，讓人讀來別有一種像看到一個得志便猖狂傲慢的人的氣勢。

「未變初黃」點出早春季節，此時柳枝剛吐新芽，而這凌亂的柳枝憑藉東風狂飄亂舞，作者對柳樹的愚蠻可笑借題嘲諷人性。

詩中把柳樹人格化，明顯的貶抑與嘲諷，使整首詩不為純粹吟詠大自然中的青青柳樹，而是詠柳而諷世，針對那些一時得志便猖狂的勢利小人，狀物與哲理交融，含意深長，令人深思。

曾鞏畫像

〔宋詩〕寄黃幾復

黃庭堅

我居北海君南海，寄雁傳書謝不能。桃李春風一杯酒，江湖夜雨十年燈。持家但有四立壁，治病不蘄三折肱。想見讀書頭已白，隔溪猿哭瘴溪藤。

【作者】

黃庭堅（1045～1105），字魯直，號山谷道人，晚號涪翁，洪州分寧（今江西九江修水縣）人。北宋知名詩人，乃江西詩派祖師。書法亦能樹格，為宋四家之一。庭堅篤信佛教，事親頗孝，雖居官，卻自為親洗滌便器，亦為二十四孝之一。

黃庭堅雕像

【注釋】

1. 黃幾復：名介，南昌人，黃庭堅少年時的好友。
2. 「我居」一句：《左傳‧僖公四年》云：「君處北海，寡人處南海，惟是風馬牛不相及也。」作者在「跋」文中說：「幾復在廣州四會，余在德州德平鎮，皆海濱也。」
3. 「寄雁」一句：傳說雁南飛時不過衡陽，直回雁峰，更不用說嶺南了。
4. 四立壁：《史記‧司馬相如傳》云：「家居徒四壁立。」形容家境貧困，一無所有。
5. 蘄：蘄，音ㄑㄧˊ，祈求。
6. 肱：肱，音ㄍㄨㄥ，胳膊。或單指肩臂相連處至腕的部分。古代有三折肱而為良醫的說法。
7. 瘴溪：舊傳嶺南邊遠之地多瘴氣。

【譯文】

我住在北方海濱，你卻住在南方海濱，我打算托付鴻雁傳書，它卻飛不過衡陽。當年在春風下觀賞桃李共飲美酒，江湖落魄，一別已經十年，常對著孤燈聽著秋雨思念你。你支撐生計也只有四堵空牆，艱難至極。古人三折肱後便成良醫，但願你不要如此。想你清貧自守發憤讀書，如今頭髮該已斑白了罷，隔著充滿瘴氣的山溪，猿猴哀鳴攀緣深林裡的青藤。

【賞析】

黃幾復是黃庭堅少年時的好友，寫此詩時，兩人都住在海濱，相互思念情深，何等快樂！如今十年飄泊，江湖流落，獨對一盞孤燈，遙念遠方老友，又是多麼淒涼寂寞。「十年獨燈」，如把它解作十年古燈，在江湖飄泊裡，淒聽夜雨，獨對孤燈，記懷舊日師友切磋之情，是悽愴、苦澀，也是感恩，更是一份落拓而不墮志的期許情懷。「桃李春風一杯酒，江湖夜雨十年燈。」這兩句是黃山谷名句，也是寫朋友高貴情誼最為動人的兩句。師友切磋教益，永懷心底。

黃庭堅紀念館

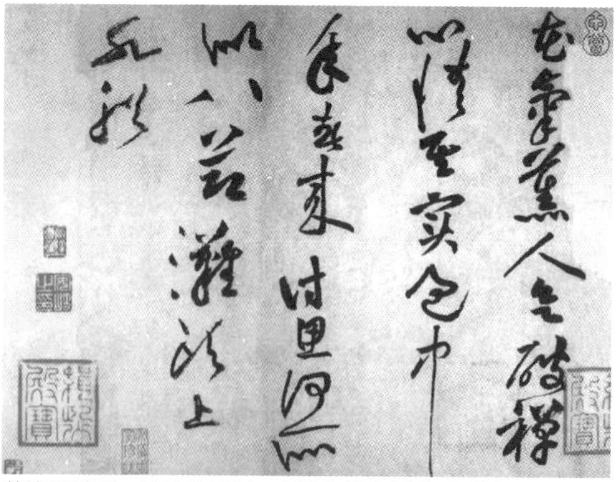

黃庭堅書法〈花氣詩帖〉（臺北故宮博物院藏）

〔宋詩〕畫眉鳥

歐陽修

百囀千聲隨意移，山花紅紫樹高低。
始知鎖向金籠聽，不及林間自在啼。

【作者】

歐陽修（1007～1072），北宋文學家、史學家。字永叔，號醉翁、六一居士，吉州吉水（今屬江西）人。天聖進士。官館閣校勘，因直言論事貶為知夷陵。慶歷中任諫官，支持范仲淹，要求在政治上有所改良，被誣貶知滁州。官至翰林學士、樞密副使、參知政事。王安石推行新法時，對青苗法有所批評。謚文忠。主張文章應重明道、致用，對宋初以來靡麗、險怪的文風表示不滿，並積極培養後進，是北宋古文運動的領袖。散文說理暢達，抒情委婉，為「唐宋八大家」之一；詩風與其散文近似，語言流暢自然。其詞婉麗，承襲南唐餘風。曾與宋祁合修《新唐書》，並獨撰《新五代史》。平生喜收集金石文字，編為《集古錄》，對宋代金石學頗有影響。著有《歐陽文忠集》。

【注釋】

1. 百囀：指鳥鳴聲。囀，音ㄓㄨㄢˋ。

2.隨意移：自由自在地在樹林裡飛來飛去。

3.樹高低：樹林中的高處或低處。

4.始知：才知道，才明白。

5.金籠：鑲金的鳥籠。

【譯文】

來到樹林裡，看到畫眉鳥在開滿萬紫千紅山花的枝頭上，自由自在地飛翔，聽到牠們在高高低低的樹梢間盡情愉快地唱歌，才明白如果把牠們鎖在金籠裡，鳥兒必定唱不出如此美妙的歌聲，還不如讓牠們在樹林裡自由自在地歌唱。

【賞析】

本篇藉詠畫眉鳥來抒發自己的性靈。畫眉、百舌，都是聲音婉轉的鳴禽，詩人在〈啼鳥〉一詩中也寫過：「南窗睡多春正美，百舌未曉催天明。黃鸝顏色已可愛，舌端啞吒如嬌嬰。」可見他對「林間自在啼」多麼欣賞，這裡以「鎖向金籠」與之對比，更見作者欲圖掙脫羈絆、嚮往自由的心情。這首詩的作者本來在朝為官，後受黨爭牽連，貶為知州知縣，這兩句大概多所寄託被貶的心事。

〔宋詩〕戲答元珍

歐陽修

春風疑不到天涯，二月山城未見花。
殘雪壓枝猶有桔，凍雷驚筍欲抽芽。
夜聞歸雁生鄉思，病入新年感物華。
曾是洛陽花下客，野芳雖晚不須嗟。

【注釋】

1. 答元珍：作者被貶為峽州夷陵（今湖北宜昌市）縣令時，酬答丁寶臣的詩。丁寶臣字元珍，時為峽州判官。
2. 天涯：天邊。
3. 山城：靠山的城垣。
4. 物華：眼前的景物。
5. 花下客：當時的洛陽園林花木繁盛，作者曾在那裡做過留守判官，所以叫花下客。
6. 野芳：野花。

【譯文】

我懷疑春風吹不到這麼遠的山城來，都已經二月天了，這座山城還未見到花開。殘雪壓著枝條，樹椏上尚有冬天留下來的橘子；春雷驚起地下的竹筍，不久就要抽出嫩芽來了；晚上聽到雁的啼叫聲，勾起人無盡的鄉思之愁。病中度過這個新年，不免感嘆時光流逝，景物變遷。我曾在洛陽的名花叢中享受美麗的春光，山城的野花雖然開得晚些，也不必嘆息了。

【賞析】

〈戲答元珍〉一詩先是描寫荒遠山城的淒涼春景，繼而抒發自己遷謫山鄉的寂寞情懷，以及眷戀鄉思，最後則自作寬慰之言，看似超脫，實是悲涼，表現出作者平靜的心情下，更深沉的痛苦。寫景清新自然，抒情一波三折，真切誠摯，感人至深。

這首詩很妙，妙在它既以小孕大，又怨而不怒。僅藉「春風」與「花」的關係來寄喻君臣、君民關係，是歷代文人以「香草美人」來比喻君臣關係的第一人；在他的內心中，他深信明君不會拋棄智臣，因此在他的另一首詩作〈戲贈丁判官〉云說：「須信春風無遠近，維舟處處有花開。」

歐陽修雕像

〔宋詩〕題西林壁

蘇軾

橫看成嶺側成峰，遠近高低各不同。
不識廬山真面目，只緣身在此山中。

【作者】

蘇軾（1037～1101），字子瞻，一字和仲，號東坡居士，眉州眉山（今四川眉山市）人，北宋大文豪。其詩、詞、賦、散文，成就極高，且善書法和繪畫，是文學藝術史上罕見的全才，也是歷史上被公認文學藝術造詣最傑出的大家之一。其散文與歐陽修並稱歐蘇；詩與黃庭堅並稱蘇黃，又與陸游並稱蘇陸；詞與辛棄疾並稱蘇辛；書法名列「蘇、黃、米、蔡」北宋四大書法家「宋四家」之一；其畫則開創湖州畫派。名列「唐宋八大家」之一。著有詩文集：《東坡全集》及詞集《東坡樂府》等。存世書跡有〈答謝民師論文帖〉、〈祭黃幾道文〉、〈前赤壁賦〉、〈黃州寒食詩帖〉等。畫跡有〈枯木怪石圖〉、〈竹石圖〉等。

【注釋】

1. 題西林壁：題詩在西林寺的牆壁上。題，書寫。題壁，即寫在牆上。西林，即西林寺，在廬山西北麓，始建於東晉，宋代改名「乾明寺」，是廬山著名古剎之一。

2. 橫看：正面看。視線在平面兩邊張望謂之橫看。

3. 嶺：沿一定方向橫向伸延的山體。

4. 遠近高低：從遠處、近處、高處、低處各個不同角看廬山。

5. 各不同：指從不同的角度和位置看到的廬山景象也不同。

6. 真面目：指廬山的真正面貌。

【譯文】

正面看峻嶺連綿，側面看高峰聳立，千姿百態的峰嶺，遠遠近近高高低低。廬山的神奇樣貌莫測，看不清它的真實面貌，那是因為置身在這深邃的山中裡。

【賞析】

盧山美景，千姿百態，作者從正面看，覺得不過是起伏綿延的山嶺；從側面看，又覺得山峰陡峭峻拔。隨距離的遠近，視線的高低不同角度去欣賞，盧山在作者面前呈現不同風貌，讓人有目不暇給之感。作者慨嘆無法認識盧山的全貌，只因為身處山中，所看到的只是盧山的局部而已。

寫山、描山，這首詩沒用到任何一個難字、僻字，更沒運用典故，其中又蘊含哲理，寓意深刻不故作高深，故能雅俗共賞，贏得讀者喜愛。作者透過對盧山面貌的探索，意識到「當局者迷」的道理。「不識盧山真面目，只緣身在此山中。」這兩句正是作者用詞高妙所在，對人具有深刻的啟發，成為千古名句，教人不要以偏概全，才能認識事物的全貌。

〔宋詩〕寒食雨其一

蘇軾

自我來黃州，已過三寒食。年年欲惜春，春去不容惜。

今年又苦雨，兩月秋蕭瑟。臥聞海棠花，泥污胭脂雪。

暗中偷負去，夜半真有力。何殊病少年，病起頭已白。

【譯文】

自從我來到黃州，已經度過三次寒食節了。每年都惋惜春天殘落，卻無奈春光離去並不需要人的悼念。今年的春雨綿綿不絕，接連兩個月如同秋天般蕭瑟的春寒令人鬱悶。在愁臥中聽說海棠花凋謝了，雨後凋落的花瓣在污泥上顯得殘紅狼籍。美麗的花經過雨水摧殘凋謝，就像被有力者在半夜背負而去，叫人無力可施。這和患病的少年，病後起來頭髮已經斑白又有甚麼差異呢？

寒食雨其二

春江欲入戶，雨勢來不已。小屋如漁舟，濛濛水雲裡。

空庖煮寒菜，破灶燒濕葦。那知是寒食，但見烏銜紙。

君門深九重，墳墓在萬里。也擬哭途窮，死灰吹不起。

【譯文】

春天的江水高漲，就將要浸入門內，雨勢襲來沒有停止的跡象。小屋像一葉扁舟，飄流在蒼茫煙水中。廚房空蕩蕩的，只好在破灶裡用濕蘆葦煮些青菜。本來不知道今天是什麼日子，看見烏鴉銜著紙錢，才想到今天是寒食節。我一心想回去報效朝廷，無奈皇宮門深九重，可望不可及；想回故鄉，祖墳卻遠隔萬里。本來想學阮籍做無路可走之哭嘆，心卻如死灰不能復燃。

【賞析】

宋神宗元豐五年（1082），蘇軾因烏台詩案貶謫黃州團練副使，除了鬱鬱不得志之外，生活也窮愁潦倒，〈寒食雨〉二首就是在貶謫第三年時所作。詩中既蕭瑟又是病少年，顯示出他當時謫居黃州那種煩悶、鬱卒的心境。清明正值初春，理當生意盎然、萬物勃發的季節，不過人事多變，人人際遇不同，在最美麗的季節，反而易於讓人觸景生情。

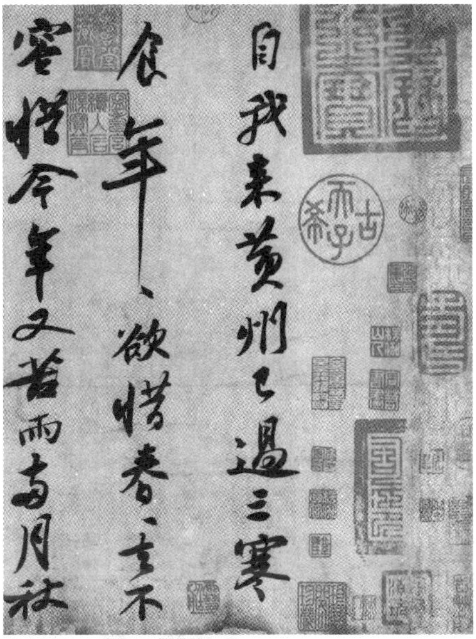

蘇軾寒食雨書法手跡

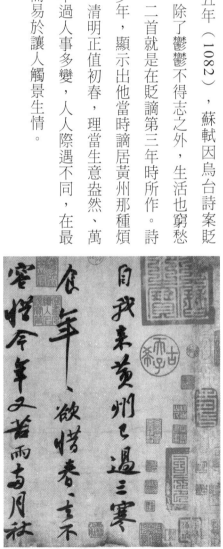

〔宋詩〕和子由澠池懷舊

蘇軾

人生到處知何似，應似飛鴻踏雪泥。
泥上偶然留指爪，鴻飛那復計東西。
老僧已死成新塔，壞壁無由見舊題。
往日崎嶇還記否，路上人困蹇驢嘶。

【注釋】

1.「人生」二句：此二句為蘇軾和蘇轍「和」作，蘇軾依蘇轍原作提到的雪泥引發出人生之嘆。
2.子由：蘇軾的胞弟蘇轍，字子由。
3.澠池：今河南澠池縣。這首詩是因蘇轍〈懷澠池寄子瞻兄〉而作。澠，音ㄇㄧㄢˊ。
4.老僧：即指奉閒老和尚。
5.壞壁：指奉閒僧舍。嘉佑三年（1056），蘇軾與蘇轍赴京應舉，途中曾寄宿奉賢僧舍並題詩僧壁。

6.蹇驢：跛腳的驢。蹇，音ㄐㄧㄢˇ。

【譯文】

人生四處飄盪究竟像什麼呢？應該是像在天空中飛翔的鴻雁，偶爾在雪地駐足暫歇，留下的一痕半爪，等到鴻雁飛走了，誰還會計較它的腳印到底留在何處呢？

當初寄宿處的奉閒老和尚已經過世，新塔供奉他的骨灰。當年禪房的牆壁已經毀壞，再也看不見舊日壁上的題詩。還記得當年坎坷艱辛的旅程嗎？經過漫長的旅途，人已疲累，瘦弱的驢也無力的嘶鳴著。

【賞析】

這首詩表達對人生來去無定的悵惘和往事舊跡的深情眷念。前四句單行入律，用唐人舊格，散中有序，行文自然。「雪泥鴻爪」的比喻，老僧新塔、壞壁舊題的驚嘆，含意豐富，意味雋永。全詩動盪明快，意境恣逸，是蘇軾七律中的名篇。

三蘇「聚草堂」裡的三蘇雕像

〔宋詩〕春宵

蘇軾

春宵一刻值千金，花有清香月有陰。
歌管樓台聲細細，鞦韆院落夜沉沉。

【注釋】

1. 一刻：指一小段時間。
2. 有：前一個「有」：產生、發生，可解為「散發」。後一個「有」，具有。
3. 月有陰：指月亮有時被雲層遮住。陰，陰影，這裡指朦朧的月色。
4. 歌管：泛指音樂和歌曲。
5. 聲細細：指樂音及歌聲幽微清雅。
6. 夜沉沉：指夜色深沉。
7. 鞦韆：把兩根繩子繫在橫樑上，下面拴一塊木板，人坐在上面來回閒盪。

【譯文】

春天的夜晚，即使是極短的時間也十分珍貴。花朵散發出絲絲縷縷醉人的清香，在月光下搖曳著朦朧的倩影。樓臺處傳來清脆悅耳的歌聲與簫聲，夜深了，望著院中空蕩蕩的鞦韆架，人們沉醉於良宵美景之中。

【賞析】

春天的夜晚，是如此珍貴，花卉散發清香，月亮展現朦朧的陰影之美。詩開始兩句寫出夜景的清麗幽美，景色宜人。歌管樓臺兩句，描繪那些留連光景，在春夜輕吹低吟的人們，正沉醉在良宵美景之中。對這些人而言，如此的良夜春景，更顯得寶貴。全詩寫來華美而含蓄，耐人尋味。

三蘇雕像

位於海南省儋州市中和鎮的「東坡書院」

〔宋詩〕**飲湖上初晴後雨**

蘇軾

水光瀲灩晴方好，山色空濛雨亦奇。
欲把西湖比西子，淡妝濃抹總相宜。

【注釋】

1. 飲湖上：坐船在西湖上飲酒。
2. 瀲灩：陽光照射在流動的水波上，閃閃發亮的樣子。瀲，音ㄌㄧㄢˋ。灩，音ㄧㄢˋ。
3. 方好：正好。
4. 空濛：霧氣瀰漫的樣子。
5. 西子：指西施，是春秋時代的越國美女。
6. 淡妝濃抹：或淡雅地妝束，或濃豔的打扮。
7. 相宜：合適。

【譯文】

水波蕩漾的晴天，景色真好，煙雨迷茫的雨天景色更加奇特。如果把西湖比作西施，不論她是淡雅的裝束，還是濃豔的打扮，都是一樣光彩照人。

【賞析】

這是一首膾炙人口，吟詠西湖的詩。詩中提及某天，作者來到西湖賞景，原先，天色晴朗，陽光照射到湖面，波光映照，水波閃動，煞是好看。後來天色轉陰，下起雨來，雨霧迷漫，山色朦朧，別有一番情致。西湖正如那儀態萬方的美人西施一樣，無論淡雅或濃豔的打扮，都恰到好處，美麗動人。

蘇東坡寫這首詩時，正在杭州當官。他以歷史上的美女西施，比擬西湖的美景，形容用詞生動傳神，後人便把西湖稱作西子湖。

〈宋詩〉花影

蘇軾

重重疊疊上瑤臺，幾度呼童掃不開。
剛被太陽收拾去，卻教明月送將來。

【注釋】

1. 花影：花的影子。蘇東坡用以比喻奸臣。
2. 瑤臺：神話中西王母住的地方。
3. 幾度：幾次。
4. 呼：叫。
5. 送將來：送回來。將，虛字，無意義。
6. 教：讓。

【譯文】

亭臺上的花影一層又一層，幾次叫孩童去打掃，可是花影怎麼掃也掃不走；傍晚太陽下山時，

三蘇祠的庭園

花影剛剛隱退，可是月亮又升起來了，花影隨之又重疊交錯的出現了。

【賞析】

作者用諷喻的手法，將重重疊疊的花影比作朝廷中盤踞高位的奸邪官吏，正直的朝臣無論怎樣努力，也清除不掉他們，去了一批，又上來一批。詩篇反映了詩人嫉惡如仇的態度，而又流露出一種無可奈何的情緒。作者所指令人討厭的重疊花影，用來比喻小人充斥朝廷，而「瑤臺」是指朝廷。全詩構思巧妙含蓄，比喻貼切，語言也通俗易懂。

蘇東坡講學過的「載酒堂」

陸游祠

【第六部】源自宋代的諺語

久旱逢甘雨，他鄉遇故知；
洞房花燭夜，金榜掛名時。——汪洙

諺語是民間流傳的常語或俗語，通常指一些含有豐富的生活知識和經驗，包括食衣住行，各行各業，人情世態等，能反映出道理。如：「有志者事竟成」、「聰明一世，糊塗一時。」、「留得青山在，不怕沒柴燒。」、「一寸光陰一寸金，寸金難買寸光陰。」等屬之。這些先民生活智慧的結晶，雖然都以口語方式表現，但對人們的影響並不下於經文典籍。

諺語源遠流長，宋代以後還出現了關於俗諺的專著，如《古今諺》等。總結諺語可分為三大類：

1. 認識自然和總結生產經驗的諺語。如：「長蟲過道，大雨要到」、「東北有三寶：人參、貂皮、烏拉草」。

2. 認識社會和總結社會活動經驗的諺語。如：「人敬富的，狗咬破的」、「放虎歸山，必有後患。」

3. 總結一般生活經驗的諺語。如：「寒從腳起，病從口入」、「早晨起得早，八十不覺老。」

◎源自宋代的民間諺語

一人左朝，百人一帶。宋・王楙《野客叢書・卷27》

一日不書，百事荒蕪。宋・王楙《野客叢書・卷27》

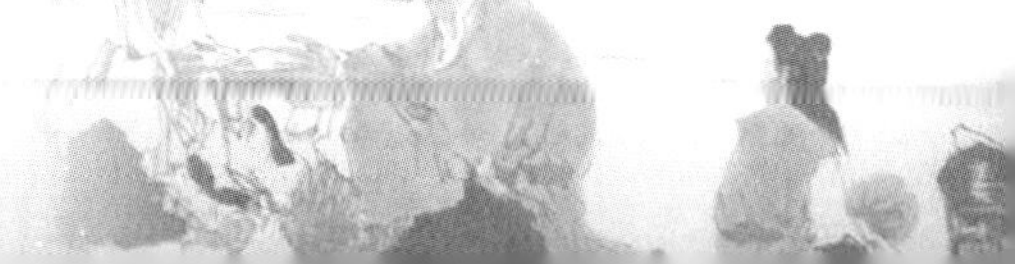

一日縱敵，數世之患。宋‧王楙《野客叢書‧卷27》

一朝不朝，其間受刀。宋‧王楙《野客叢書‧卷27》

人生自古誰無死，留取丹心照汗青。宋‧文天祥〈過零丁洋〉

人生樂在相知心。宋‧王安石〈明妃曲二首〉

力田不如逢年，善仕不如遇合。宋‧王楙《野客叢書‧卷27》

三日不讀書，便覺語言無味，面目可憎。宋‧黃庭堅

上有天堂，下有蘇杭。宋‧陶穀〈清異錄〉

千人所指，無病自死。宋‧王楙《野客叢書‧卷27》

山高月小，水落石出。宋‧蘇軾〈後赤壁賦〉

不因南省火，安得狀元焦。宋‧吳曾〈能改齋漫錄〉

不願君王召，願得柳七叫；不願神仙見，願識柳七面。宋‧歌誦柳永的民間諺語

天與不取，反受其咎。宋‧王楙《野客叢書‧卷27》

少壯及時宜努力，老大無堪還可憎。宋‧歐陽修

日間不做虧心事，半夜敲門不吃驚。宋‧話本〈錯斬崔寧〉

月子彎彎照九洲，幾家歡樂幾家愁。宋‧話本《馮玉梅團圓》：吳歌

月暈而風，礎潤而雨。宋‧蘇洵〈辨奸論〉

世人個個學長年，不悟長年在目前。宋‧陸游〈食粥詩〉

仕途捷徑無過賊，上將奇謀只是招。宋・莊季裕《雞肋編》卷

巧婦難為無米之炊。宋・莊季裕《雞肋編》卷

生男如狼，惟恐其尫。生女如鼠，惟恐其虎。宋・王楙《野客叢書・卷27》

由儉入奢易，由奢入儉難。宋・司馬光〈訓儉示康〉

白頭如新，傾蓋如故。宋・王楙《野客叢書・卷27》

皮之不存，毛將安傅。宋・王楙《野客叢書・卷27》

先天下之憂而憂，後天下之樂而樂。宋・范仲淹〈岳陽樓記〉

同心而共濟，始終如一。宋・歐陽修〈朋黨論〉

好男不當兵，好鐵不打釘。宋・民間

早晨起來七般事，油鹽醬豉薑椒茶。宋・太學生〈有采俗語作耍〉

百尺竿頭，更進一步。宋・釋道原

臣心一片磁鍼石，不指南方不肯休。宋・文天祥〈揚子江〉

伸手不見五指。宋・金山曇穎禪師

但存方寸地，留予子孫耕。宋・葉適〈留耕堂記〉

余生平所作文章，多在三上：乃馬上，枕上，廁上也。宋・歐陽修〈歸田錄〉

即以其人之道，還治其人之身。宋・朱熹《中庸・十三章注》

男兒墮地志四方，裹屍以革固其常。宋・陸游〈隴頭水〉

味甘終易壞，歲晚還知，君子之交淡如水。宋・辛棄疾〈洞仙歌〉

官無中人，不如歸田。宋・王楙《野客叢書・卷27》

岳飛流芳百世，秦檜遺臭萬年。宋・民間

狐裘蒙茸，一國三公。宋・王楙《野客叢書・卷27》

知無不言，言無不盡。宋・蘇洵《衡論・遠慮》

怒其室，作色其父。宋・王楙《野客叢書・卷27》

春宵一刻值千金。宋・蘇軾〈春宵〉

洗腳上床真一快，稚孫漸長鮮燒湯。宋・陸游〈洗腳詩〉

畏首畏尾，身其餘幾。宋・王楙《野客叢書・卷27》

相馬失之瘦，相士失之貧。宋・王楙《野客叢書・卷27》

相識滿天下，知心能幾人？宋・雲蓋繼鵬禪師

要高官，受招安；欲得富，須胡做。宋・莊季裕《雞肋編》卷

家有千金，坐不垂堂。宋・王楙《野客叢書・卷27》

師爺偷吃和尚飯。宋・龍岩道壇師公

書到用時方恨少，事非經過不知難。宋・陸游

泰山崩於前而色不變；麋鹿興於左而目不瞬。宋・蘇洵〈心術〉

紙上得來終覺淺，絕知此事要躬行。宋・陸游〈冬夜讀書示子律〉

陸游雕像

耕當問奴，織當問婢。宋・王楙《野客叢書・卷27》

豹死留皮，人死留名。宋・歐陽修〈王彥章畫像記〉

偽君子，假道學。宋・罵朱熹把詞人嚴蕊送進大牢

從善如登，從惡如崩。宋・王楙《野客叢書・卷27》

欲人勿知，莫若勿為。宋・王楙《野客叢書・卷27》

欲得官，殺人放火受招安；欲得富，趕著行在賣酒醋。宋・莊季裕《雞肋編》卷

眾心成城，眾口鑠金。宋・王楙《野客叢書・卷27》

幾家夫妻同羅帳，幾家飄零在他州。宋・話本《馮玉梅團圓》

棋不看三步不捏子。宋・陸游

飯餘解帶摩便腹，自取風爐煮晚茶。宋・陸游《劍南詩稿・自詒》

嫁得雞，逐雞飛；嫁得狗，逐狗走。宋・莊季裕《雞肋編》卷

彀弩射市，薄命先死。（彀，音ㄍㄡˋ。）宋・王楙《野客叢書・卷27》

愈老愈知生有涯，此時一念不容差。宋・陸游《劍南詩稿・自詒》

當出不出，間不容髮。宋・王楙《野客叢書・卷27》

當斷不斷，反受其亂。宋・王楙《野客叢書・卷27》

落花有意隨流水，流水無情戀落花。宋・龍翔士珪禪師

僧不僧，俗不俗。宋・性空妙普菴主

遠井不救近渴。宋・莊季裕《雞肋編》卷
醉翁之意不在酒。宋・歐陽修〈醉翁亭記〉
薄餅從上揭。宋・吳處厚《青箱雜記・卷4》
雖有親父，安知其不為虎。雖有親兄，安知其不為狼。宋・王楙《野客叢書・卷27》
獸惡其網，民惡其上。宋・王楙《野客叢書・卷27》
繩鋸木斷，水滴石穿。宋・羅大經《鶴林玉露》
半部論語治天下。宋・羅大經《鶴林玉露・卷7》

・語出宋代羅大經《鶴林玉露》卷七：宋初宰相趙普，人言所讀僅只《論語》而已。太宗趙光義因此問他。他說：「臣平生所知，誠不出此，昔以其半輔太祖（趙匡胤）定天下，今欲以其半輔陛下致太平。」

王家鑽天，司馬入地。

・王安石的同僚王宜徽、王拱辰在洛陽的宅第都是飛簷鬥獸、高若凌天、華麗無比，所以民間出現了一句諺語：「王家鑽天，司馬入地。」

《文選》爛，秀才半。

・宋代有諺語云：「《文選》爛，秀才半」，足見《文選》對後世的影響之大。

直把杭州作汴州。

・宋代林升有一首詩〈題臨安郡〉寫道：「山外青山樓外樓，西湖歌舞幾時休？暖風薰得遊人醉，直把杭州作汴州。」這首詩諷刺南宋統治者，只知醉生夢死，貪圖享受，一直沉溺在酒肉生活中，完全忘卻失去故土的痛楚，更無收回故都的意圖。

莫須有。

・宋史《岳飛傳》說道：岳飛入獄，秦檜派万俟為御史中丞，主持審訊，給岳飛等人定下了謀反大罪，判處岳飛斬刑。韓世忠不平，詣檜詰其實，檜曰：「其事體莫須有。」世忠曰：「『莫須有』三字，何以服天下？」

（詰，音ㄐㄧㄝˊ。）

蘇文熟，吃羊肉；蘇文生，吃菜羹。

・宋代政治家范仲淹、王安石、司馬光、蘇軾等都是著名詞人，在封建社會中從不拋頭露面的女子李清照也成為一代詞宗，名垂千古。在當時的科舉考試中，流傳著這樣的諺語「蘇文熟，吃羊肉；蘇文生，吃菜羹。」足見詞人蘇軾被崇拜的程度。

范仲淹的花園

樹倒猢猻散。

・宋代龐元英在《談藪・曹詠妻》說：「宋曹詠依附秦檜，官至侍郎，顯赫一時。……詠百端威脅，德斯卒不屈。及秦檜死，德斯遣人致書于曹詠，啟封，乃〈樹倒猢猻散賦〉一篇。」

書中自有黃金屋，書中自有顏如玉。

• 語出宋真宗〈勵學篇〉：富家不用買良田，書中自有千鍾粟。安居不用架高樓，書中自有黃金屋。娶妻莫恨無良媒，書中自有顏如玉。出門莫恨無人隨，書中車馬多如簇。男兒欲遂平生志，五經勤向窗前讀。

萬般皆下品，惟有讀書高。宋・汪洙〈神童詩〉

將相本無種，男兒當自強。宋・汪洙〈神童詩〉

遺子滿嬴金，何如教一經。宋・汪洙〈神童詩〉

禹門三級浪，平地一聲雷。宋・汪洙〈神童詩〉

久旱逢甘雨，他鄉遇故知。宋・汪洙〈神童詩〉

洞房花燭夜，金榜掛名時。宋・汪洙〈神童詩〉

• 語出《神童詩》一卷，舊傳宋代汪洙撰。汪洙，字德溫，鄞縣人，元符三年（1100年）進士及第，官至觀文殿大學士。為南宋大學士汪大猷的爺爺。自幼穎異，九歲能詩，號稱汪神童。《通俗編》卷七文學類載，一次上級官吏聽說他是神童而召見他，他穿一件極短的衫子去應見。官吏問他為什麼衫子這麼短，他當即作詩回答：「神童衫子短，袖大惹春風。未去朝天子，先來謁相公。」這一故事表現了他的聰明和才華。後人以汪洙的部分詩為基礎，再加進其他人的詩，而編成《神童詩》。

《神童詩》全書輯詩三十四首，皆為五言絕句，可分為三部分。第一部分為前十四首，都是勸學詩，極力宣揚讀書可以做官；第二部分為從〈狀元〉到〈四喜〉五首，表現科舉及第的得意；第三部分為從〈早春〉到〈除夜〉，通過的四時景致的描寫，表達讀書人的喜悅心情。其詩中文句，被拿來做為民間諺語者不少。

•《神童詩》全文如下：

天子重英豪，文章教爾曹；萬般皆下品，惟有讀書高。
少小須勤學，文章可立身；滿朝朱紫貴，盡是讀書人。
學問勤中得，螢窗萬卷書；三冬今足用，誰笑腹空虛。
自小多才學，平生志氣高；別人懷寶劍，我有筆如刀。
朝為田舍郎，暮登天子堂；將相本無種，男兒當自強。
學乃身之室，儒為席上珍；君看為宰相，必用讀書人。
莫道儒冠誤，詩書不負人；達而相天下，窮則善其身。
遺子滿贏金，何如教一經；姓名書錦軸，朱紫佐朝廷。
古有千文義，須知學後通；聖賢俱間出，以此發蒙童。
神童衫子短．袖大惹春風；未去朝天子，先來謁相公。
年紀雖然小，文章日漸多；待看十五六，一舉便登科。
大比因時舉，鄉書以類升；名題仙桂籍，天府快先登。
喜中青錢選，才高壓俊英；螢窗新脫跡，雁塔早題名。

年小初登第，皇都得意回；禹門三級浪，平地一聲雷。
一舉登科目，雙親未老時；錦衣歸故里，端的是男兒。
玉殿傳金榜，君恩賜狀頭；英雄三百輩，附我步瀛洲。
慷慨丈夫志，生當忠孝門；為官須作相，及第必爭先。
宮殿召繞聳，街衢競物華；風雲今際會，千古帝王家。
日月光天德，山河壯帝居；太平無以報，願上萬年書。
久旱逢甘雨，他鄉遇故知；洞房花燭夜，金榜掛名時。
土脈陽和動，韶華滿眼新；一支梅破臘，萬象漸回春。
柳色浸衣綠，桃花映酒紅；長安遊冶子，日日醉春風。
淑景餘三月，鶯花已半稀；浴沂誰氏子，三嘆詠而歸。
數點雨餘雨，一番寒食寒；杜鵑花發處，血淚染成丹。
春到清明好，晴天錦繡紋；年年當此節，底事雨紛紛。
風閣黃昏夜，開軒內晚涼；月華在戶白，何處遞荷香？
一雨初收霽，金民特送涼；書窗應自爽，燈火夜偏長。
庭下陳瓜果，雲端聞彩車；爭如郝隆子，只曬腹中書。
九日龍山飲，黃花笑逐臣；醉看風落帽，舞愛月留人。
昨日登高罷，今朝再舉觴；菊荷何太苦，遭此兩重陽。

北帝方行令，天晴愛日和；農工新築土，天慶納嘉禾。

簷外三竿日，新添一線長；登臺觀氣象，雲物喜呈祥。

冬天更籌盡，春附斗柄回；寒暄一夜隔，客鬢兩年催。

解落三秋葉，能開二月花；過江千尺浪，入竹萬杆斜。

人在豔陽中，桃花映面紅；年年二三月，底事笑春風。

院落沉沉曉，花開白雪香；一枝輕帶雨，淚濕貴妃妝。

枝綴霜葩白，無言笑曉鳳；清芳誰是侶，色間小桃紅。

傾國姿容別，多開富貴家；臨軒一賞後，輕薄萬千花。

牆角一枝梅，凌寒獨自開；遙知不是雪，惟有暗香來。

柯幹如金石，心堅耐歲寒；平生誰結友，宜共竹松看。

居可無君子，交情耐歲寒；春風頻動處，日日報平安。

春水滿泗澤，夏雲多奇峰；秋月揚明輝，冬嶺秀孤松。

詩酒琴棋客，風花雪月天；有名閑富貴，無事散神仙。

道院迎仙客，書道隱相儒；庭裁棲鳳竹，池養化龍魚。

春遊芳草地，夏賞綠荷池；秋鐵黃花酒，冬吟白雪詩。

【第七部】宋詞常見考題

書到用時方恨少，事非經過不知難。——陸游

◎請寫出該首宋詞的作者及題目名稱：（100題，答案列於下方）

1. 一川煙草，滿城風絮，梅子黃時雨。（賀鑄・青玉案）
2. 一尊濁酒戍樓東，酒闌揮淚向悲風。（張孝祥・浣溪沙）
3. 一種相思，兩處閒愁。（李清照・一翦梅）
4. 一點浩然氣，千里快哉風。（蘇軾・水調歌頭）
5. 九萬里風鵬正舉。風休住，蓬舟吹取三山去。（李清照・漁家傲）
6. 二十四橋仍在，波心蕩，冷月無聲。（姜夔・揚州慢）
7. 人生自是有情癡，此恨不關風與月。（歐陽修・玉樓春）
8. 人成各，今非昨，病魂常似鞦韆索。（唐琬・釵頭鳳）
9. 人有悲歡離合，月有陰晴圓缺，此事古難全。（蘇軾・水調歌頭）
10. 十年生死兩茫茫。不思量，自難忘。千里孤墳，無處話淒涼。（蘇軾・江城子）
11. 三杯兩盞淡酒，怎敵他，晚來風急。（李清照・聲聲慢）
12. 大江東去，浪淘盡，千古風流人物。（蘇軾・念奴嬌赤壁懷古）
13. 山抹微雲，天連衰草，畫角聲斷譙門。（秦觀・滿庭芳）
14. 不肯畫堂朱戶，春風自在楊花。（王安國・清平樂）
15. 中庭月色正清明，無數楊花過無影。（張先・木蘭花）

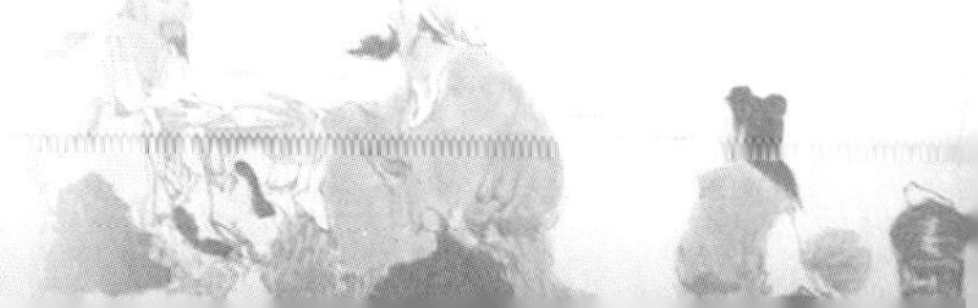

16. 今年元夜時，月與燈依舊。不見去年人，淚滿春衫袖。（歐陽修・生查子）
17. 天上流霞凝碧袖，起舞與君為壽。（毛滂・清平樂—送賈耘老、盛德常還郡）
18. 天可老，海能翻，消除此恨難。（向子諲・阮郎歸—紹興乙卯大雪行鄱陽道中）
19. 天涯也有江南信，梅破知春近。（黃庭堅・虞美人）
20. 天涯地角有窮時，只有相思無盡處。（晏殊・木蘭花）
21. 月上柳梢頭，人約黃昏後。（歐陽修・生查子）
22. 水光山色與人親，說不盡，無窮好。（李清照・怨王孫）
23. 水是眼波橫，山是眉峰聚。（王觀・卜算子）
24. 世路如今已慣，此心到處悠然。（張孝祥・西江月）
25. 去年春恨卻來時。落花人獨立，微雨燕雙飛。（晏幾道・臨江仙）
26. 只願君心似我心，定不負，相思意。（李之儀・卜算子）
27. 四面邊聲連角起。千嶂裡，長煙落日孤城閉。（范仲淹・漁家傲）
28. 平生事，此時凝睇，誰會憑欄意。（王禹偁・點絳唇）
29. 平岡細草鳴黃犢，斜日寒林點暮鴉。（辛棄疾・鷓鴣天）
30. 平蕪盡處是春山，行人更在春山外。（歐陽修・踏莎行）
31. 未是秋光奇艷，看十五十六。（楊萬里・好事近）
32. 回首向來蕭瑟處，也無風雨也無晴。（蘇軾・定風波）

33. 多情自古傷離別，更那堪冷落清秋節。（柳永・雨霖鈴）
34. 多情誰似南山月，特地暮雲開。（陸游・秋波媚）
35. 此心安處是吾鄉。（蘇軾・定風波）
36. 此恨平分取，更無言語空相覷。（王滂・惜分飛）
37. 此情無計可消除，才下眉頭，卻上心頭。（李清照・一翦梅）
38. 池上碧苔三四點，葉底黃鸝一兩聲，日長飛絮輕。（晏殊・破陣子）
39. 自古功名屬少年，知心惟杜鵑。（陸游・長相思）
40. 自許封侯在萬里。有誰知，鬢雖殘，心未死。（陸游・夜遊宮）
41. 至今商女，時時猶唱，〈後庭〉遺曲。（王安石・桂枝香）
42. 衣帶漸寬終不悔，為伊消得人憔悴。（柳永・蝶戀花）
43. 何物最關情？黃鸝三兩聲。（王安石・菩薩蠻）
44. 別時容易見時難。流水落花春去也，天上人間。（李煜・浪淘沙）
45. 君記取，封侯事在，功名不信由天。（陸游・漢宮春）
46. 把吳鉤看了，欄杆拍遍，無人會，登臨意。（辛棄疾・水龍吟）
47. 更能消，幾番風雨，匆匆春又歸去。（辛棄疾・摸魚兒）
48. 村南村北響繅車，牛衣古柳賣黃瓜。（蘇軾・浣溪沙）
49. 男兒西北有神州，莫滴水西橋畔淚。（劉克莊・木蘭花）

50. 佳節又重陽，玉枕紗櫥，半夜涼初透。（李清照‧醉花陰）
51. 兩岸青山相送迎，誰知離別情。（林逋‧長相思）
52. 兩情若是久長時，又豈在朝朝暮暮。（秦觀‧鵲橋仙）
53. 明月高樓休獨倚。酒入愁腸，化作相思淚。（范仲淹‧蘇幕遮）
54. 東風夜放花千樹，更吹落，星如雨。（辛棄疾‧青玉案）
55. 枝上柳綿吹又少，天涯何處無芳草。（蘇軾‧蝶戀花）
56. 爭渡，爭渡，驚起一灘鷗鷺。（李清照‧如夢令）
57. 知否，知否？應是綠肥紅瘦。（李清照‧如夢令）
58. 花影亂，鶯聲碎。飄零疏酒盞，離別寬衣帶。（秦觀‧千秋歲）
59. 長恨此身非我有，何時忘卻營營。（蘇軾‧臨江仙）
60. 長記曾攜手處，千樹壓，西湖寒碧。（姜夔‧暗香）
61. 長溝流月去無聲。杏花疏影裡，吹笛到天明。（陳與義‧臨江仙）
62. 青春都一餉。忍把浮名，換了淺斟低唱。（柳永‧鶴沖天）
63. 便縱有千種風情，更與何人說。（柳永‧雨霖鈴）
64. 春如舊，人空瘦。淚痕紅浥鮫綃透。（陸游‧釵頭鳳）
65. 春歸何處？寂寞無行路。（黃庭堅‧清平樂）
66. 昨夜西風凋碧樹。獨上高樓，望盡天涯路。（晏殊‧蝶戀花）

67. 流光容易把人抛，紅了櫻桃，綠了芭蕉。（蔣捷・一翦梅）

68. 紅酥手，黃縢酒，滿城春色宮牆柳。（陸游・釵頭鳳）

69. 紅燭自憐無好計，夜寒空替人垂淚。（晏幾道・蝶戀花）

70. 郎意濃，妾意濃。油壁車輕郎馬驄，相逢九里松。（康與之・長相思）

71. 庭院深深深幾許？楊柳堆煙，簾幕無重數。（歐陽修・蝶戀花）

72. 料得年年腸斷處，明月夜，短松崗。（蘇軾・江城子）

73. 留得許多清影，幽香不到人間。（張炎・清平樂）

74. 追往事，嘆今吾，春風不染白髭鬚。（辛棄疾・鷓鴣天）

75. 剪不斷，理還亂，是離愁，別是一般滋味在心頭。（李煜・相見歡）

76. 問君能有幾多愁？恰似一江春水向東流。（李煜・虞美人）

77. 欲將心事付瑤琴。知音少，弦斷有誰聽。（岳飛・小重山）

78. 淚眼問花花不語，亂紅飛過鞦韆去。（歐陽修・蝶戀花）

79. 莫將清淚濕花枝，恐花也如人瘦。（周邦彥・洛陽春）

80. 莫等閒，白了少年頭，空悲切。（岳飛・滿江紅）

81. 莫道不消魂，簾卷西風，人比黃花瘦。（李清照・醉花陰）

82. 富貴本無心，何事故鄉輕別。（胡銓・好事近）

83. 尋尋覓覓，冷冷清清，淒淒慘慘戚戚。（李清照・聲聲慢）

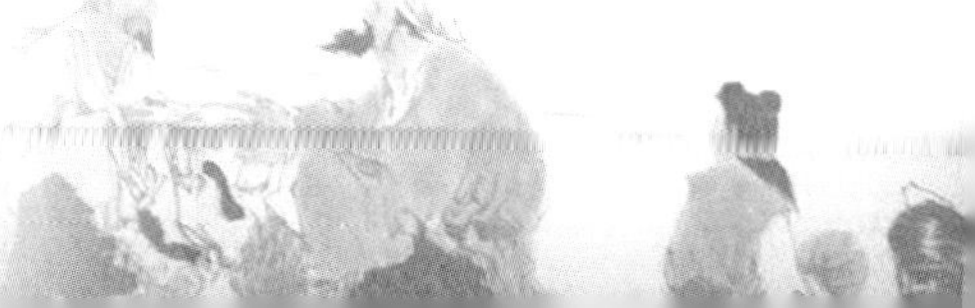

84. 悲歡離合總無情，一任階前點滴到天明。（蔣捷・虞美人）
85. 湯武偶相逢，風虎雲龍。興王只在笑談中。（王安石・浪淘沙令）
86. 無可奈何花落去，似曾相識燕歸來，小園香徑獨徘徊。（晏殊・浣溪沙）
87. 無可奈何花落去，似曾相識燕歸來。（晏殊・浣溪沙）
88. 無情不似多情苦，一寸還成千萬縷。（晏殊・木蘭花）
89. 會挽雕弓如滿月，西北望，射天狼。（蘇軾・江城子）
90. 葉上初陽乾宿雨，水面清圓，一一風荷舉。（周邦彥・蘇幕遮）
91. 蛾兒雪柳黃金縷，笑語盈盈暗香去。（辛棄疾・青玉案）
92. 碧雲天，黃葉地。秋色連波，波上寒煙翠。（范仲淹・蘇幕遮）
93. 綠杯紅袖趁重陽，人情似故鄉。（晏幾道・阮郎歸）
94. 綠楊煙外曉寒輕，紅杏枝頭春意鬧。（宋祁・玉樓春）
95. 誰道人生無再少？門前流水尚能西。（蘇軾・浣溪沙）
96. 醉裡挑燈看劍，夢回吹角連營。（辛棄疾・破陣子）
97. 憑誰問，廉頗老矣，尚能飯否。（辛棄疾・永遇樂）
98. 燕子樓空，佳人何在？空鎖樓中燕。（蘇軾・永遇樂）
99. 牆裡鞦韆牆外道，牆外行人，牆裡佳人笑。（蘇軾・蝶戀花）
100. 霧失樓臺，月迷津渡，桃源望斷無尋處。（秦觀・踏莎行）

國家圖書館出版品預行編目資料

中學生跟我這樣讀宋詞／陳銘磻編著.
－－第一版－－臺北市：字阿文化出版；
紅螞蟻圖書發行，2011.10
面　公分－－(中學堂；2)
ISBN 978-957-659-872-2（平裝）

1.國文科 2.中等教育

524.31　100019920

中學堂 02

中學生跟我這樣讀宋詞

編　　著／陳銘磻
美術構成／Chris' office
校　　對／楊安妮、陳銘磻
總 編 輯／何南輝
發 行 人／賴秀珍
榮譽總監／張錦基
出　　版／字阿文化出版有限公司
發　　行／紅螞蟻圖書有限公司
地　　址／台北市內湖區舊宗路二段121巷28號4F
網　　站／www.e-redant.com
郵撥帳號／1604621-1　紅螞蟻圖書有限公司
電　　話／(02)2795-3656（代表號）
傳　　真／(02)2795-4100
登 記 證／局版北市業字第1446號
法律顧問／許晏賓律師
印 刷 廠／卡樂彩色製版印刷有限公司
出版日期／2011年 10 月　第一版第一刷

定價 280 元　港幣 93 元

ISBN　978-957-659-872-2　Printed in Taiwan